GOLDMANN
RATGEBER

Buch

Reinhold Berglers Untersuchungen zeigen, daß sich Vorurteile vom vitalen, sozialen und intellektuellen bis hin zum sentimentalen Bereich auf alle Ebenen unseres Lebens erstrecken. Sie treten jeweils in unterschiedlichem Umfang und mit verschiedenen Konsequenzen auf.

Dieses Buch soll uns einen Überblick über unsere ungesicherten Empfindungen und die daraus folgenden Verhaltensweisen geben. Und es soll als Anleitung für die Erkenntnis eigener und fremder Antriebe dienen.

Vom therapeutischen Gesichtspunkt aus möchte der Autor ein Stück heilsame Verunsicherung auf dem Feld der unheilvollen Sicherheiten erreichen, er will Skepsis hervorrufen, um den Widerstand gegenüber jeglicher Manipulation zu stärken.

Dazu untersucht er das Vorurteil als »Voraus-Urteil« in seinen sozialen Techniken und psychologischen Bedingungen in exemplifizierender Weise. Er geht davon aus, daß es sich um eine »letztlich unauflösbare Widersprüchlichkeit der menschlichen Natur« handelt, da ein wechselseitiges Angewiesensein auf Vorurteilsbereitschaft als eigentliche Sozialisierungsbedingung in allen Zusammenhängen vorhanden ist.

Seine Erkenntnishilfen und Konfliktmuster für die spezifischen Rollenverständnisse sind prägnant und ermöglichen es dem Leser, sein eigenes Verhalten einzuschätzen und sich der eigenen Vorurteile bewußt zu werden.

Autor

Prof. Dr. Reinhold Bergler, geb. 1929, ist Direktor des Psychologischen Instituts der Universität Bonn. Er schreibt Artikel für Fachbücher und Fachzeitschriften. Außerdem ist er Herausgeber und Verfasser etlicher Bücher, die sich mit Psychologie in Werbung bzw. Marktforschung und Kommunikationsmechanismen befassen.

REINHOLD BERGLER

VORURTEILE

erkennen · verstehen · korrigieren

GOLDMANN VERLAG

Der Goldmann Verlag
ist ein Unternehmen der Verlagsgruppe Bertelsmann

Made in Germany · 7/88 · 1. Auflage
Genehmigte Taschenbuchausgabe

Umschlaggestaltung: Design Team München
Druck: Elsnerdruck, Berlin
Verlagsnummer: 10424
JJ · Herstellung: Sebastian Strohmaier
ISBN 3-442-10424-6

Inhalt

Über dieses Buch

Kein Vorurteil wäre bedenklicher als die Annahme, ohne Vorurteile leben zu können. Die schlechthin vorurteilsfreie Existenz ist nicht vollziehbar. Das gilt im Prinzip für jeden Bereich, dessen wir uns vital, sozial, intellektuell oder sentimental bemächtigen. Die Frage ist allerdings, in welchem Umfang, auf welche Weise und mit welchen Konsequenzen das geschieht; das heißt, ob und wie wir uns dieser Situation bewußt sind, um ihr in wesentlichen Lebensvollzügen gewachsen zu sein.

Es geht also nicht um die gänzliche Überwindung von Vorurteilen, denn das wäre ein irreales und insoweit wohl auch inhumanes Ziel. Es geht um den Versuch, über diesen schier undurchdringlichen Komplex ungesicherter Annahmen und Empfindungen in unseren individuellen und sozialen Verhaltensweisen einen orientierenden Überblick zu erhalten, gleichsam einen kritischen Leitfaden für die Erkenntnis eigener und fremder Antriebe. Es wäre schon viel gewonnen, wenn auf diese Weise ein Stück heilsamer Verunsicherung auf dem weiten Felde oft unheilvoller Sicherheiten entstünde. Insoweit kann in der Diagnose immer auch ein gehöriges Stück Therapie stecken – wohlgemerkt: in den Grenzen fallweiser und zeitweiser Korrekturen und somit auch in wachsender Skepsis gegenüber allzu grober Manipulation und Demagogie, die beide ohne das Instrumentarium der Vorurteile nicht denkbar sind.

Diesen hilfreichen Beitrag zur Erhellung des Komplexes leistet Reinhold Bergler, wenn er in ebenso exaktexemplifizierender wie behutsam abwägender Weise die psychologischen Bedingungen und zugleich die soziale Technik des Vorurteils untersucht und ihre Steuerungen und Fehlsteuerungen annähernd vorurteilsfrei darstellt. Denn daß hier eine „letztlich unauflösbare Widersprüchlichkeit" der menschlichen Natur im Spiel ist, gehört redlicherweise zu seinem elementaren Ausgangsbefund.

Um so prägnanter sind die Erkenntnishilfen und Konfliktmuster für die spezifischen Rollenverständnisse, die in ein vorgegebenes Geflecht von Bedingungen eingebettet sind, das auch dann kaum zu ändern wäre, wenn es in allen seinen Verstrickungen durchschaut werden könnte. So wird das Vorurteil zum Alibi für die zwanghafte Hinnahme von Orientierungssignalen, die man sich quasi-intellektuell zu eigen macht, um sich die Selbstachtung zu erhalten. Nun, das ist die eine Seite, die auch von der tieferen Begründung lebt, daß uns quantitative und qualitative Grenzen der Erkenntnis gezogen sind, und daß wir alle jeweils Informationsschuldner des anderen sind. Denn auch der höchste Wissensstand allein macht noch nicht annähernd lebenstauglich.

Es kommt ein anderer Aspekt hinzu: Das wechselseitige Angewiesensein auf Vorurteilsbereitschaft stellt unsere eigentliche Sozialisierungsbedingung dar. Es gibt keine Gruppenmotivation, weder für Mehrheiten noch für Minderheiten, weder für funktionelle noch für ideelle Verbindungen, die darauf verzichten könnte. Denn hier wird jenes Motiv wirksam, das bei der Entstehung sozialer Bindungen alle anderen beherrscht: das Interesse an der Sicherung der Interessen. Interesse hier im weitest denkbaren Sinne: die Sicherung der höchstmöglichen Summe meiner Standortbedingungen aus Herkunft, Alter, Familie, Beruf, Glaube, Neigung, Talent und Charakter. Denn diese Summe der Voraussetzungen jeder Existenzsicherung muß ganz anderen Kräften standhalten als nur denen eines jeweils objektiven Urteils. Das heißt, daß diese Standortbestimmung nur aus der Einsicht in die Relativität aller Urteile vorzunehmen ist. Es ist aber gerade die Relativität der Urteile, die wiederum die Vorurteile freisetzt.

Es entsteht dann jenes korrespondierende Verhältnis, das Bergler als Code bezeichnet. Code als Signalsystem für geschlossene Wertbereiche: also etwa des Sozialismus oder der Kirche; enger gefaßt: der Sozialen Marktwirtschaft, der Emanzipation einer Gruppe oder der Mitbestimmung. Das findet dann noch einmal, wie Bergler sehr differenziert ausführt, seine zusätzliche Komplikation, wenn sich hinter dem noch einheitlichen Sprachgebrauch nicht nur zwischen, sondern gerade auch innerhalb von Gruppen und Verbänden wachsende Unterschiede der mit dem Code verbundenen Vorstellungen herausbilden. Wir geraten in Zeiten eines Umbruchs der Wertvorstellungen an das terminologische Problem. Die Gegenwart liefert dafür wichtige Beispiele: das verführerische Taktieren mit allgemein akzeptierten Begriffen, denen dann jeweils ganz gegensätzliche Vorstellungen und Erwartungen zugeordnet werden. Das reicht vom Demokratiebegriff bis zur Selbstverwirklichung. Das Unterlaufen etwa des positiv besetzten Begriffs der Verfassungstreue durch extreme Inanspruchnahme der verfassungsmäßig garantierten Meinungsfreiheit ist ein besonders eindrückliches Beispiel für den Mißbrauch eines positiv-wirksamen Vorurteils. Der nicht nachprüfbare Gesinnungsvorbehalt wird eben durch das Vorurteil der bekundeten Loyalität abgedeckt.

Schließlich werden wir noch drei Varianten des Vorurteils ihrem Wesen nach nicht ganz ausräumen können:

Das ist einmal die aus technischen und taktischen Verfahrensgründen vorenthaltene Information. Die auf ihr beruhende Entscheidungsfindung bedarf in bestimmten Zusammenhängen geradezu der Schutzzone begrenzter Transparenz. Die Vorstellung, daß permanente Information aller über alles Vorurteile abbauen könne und dadurch mehr allgemeines Vertrauen und Sicherheit schaffe, ist irrig.

Das andere Feld ist durch Geschmacksurteile bestimmt, im weitesten Sinne also der Bereich der Ästhetik. Bergler liefert gerade auch dafür eine Fülle plausibler Beispiele, die aber ihrer Natur nach in Grenzbereichen angesiedelt sind. Denn hier ist, von bestimmten Qualitätsmerkmalen abgesehen, die in der Regel definierbar sind, das Urteil mit einem gewissen Grad von Vorurteil identisch. Kaum einer dieser Eindrücke kann der rationalen Begründung allein überlassen bleiben. Aber natürlich gibt es auch in diesem Bereich Randzonen, in denen öffentliche Gefährdungen entstehen können. Das ist der Fall, wenn sich zum Beispiel eine stets latente Fremdenfeindlichkeit unterschiedslos an bestimmten körperlichen oder sprachlichen Merkmalen orientiert. Der Antisemitismus etwa oder die Stellung der Gastarbeiter liefern dafür eine Fülle von Beispielen.

So bleibt noch jener Typus übrig, den wir ebenso brauchen wie beklagen – der Experte, der immer mehr von immer weniger weiß und seine Urteilsfähigkeit auf dem engsten Felde notgedrungen mit immer größerer Urteilslosigkeit in allen anderen Bereichen verbindet. Er wird fast zum Zwangsopfer für Vorurteile jeglicher Art, da ihm die allgemeinen Orientierungen abhanden gekommen sind. Wir können in einer so differenzierten Gesellschaft wie der unseren auf dieses Netz der detaillierten Urteilssicherheiten nicht verzichten; aber um so mehr muß zugleich die Fähigkeit zur Einsicht in größere Zusammenhänge erhalten bleiben, aus der allein die Kraft zu Entscheidungen wächst, die dem puren Sachurteil nur selten möglich sind. Hier heilt nur der Erfolg die Widersprüche.

Im Konfliktfall zwischen Urteil und Vorurteil sind allerdings, wie Bergler zu Recht abschließend sagt, jeweils alle schuld.

Burghard Freudenfeld

Vorwort

Besitz und Gebrauch von Vorurteilen sind nicht an ganz bestimmte Persönlichkeitsmerkmale, aber auch nicht an Schulbildung oder Einkommensverhältnisse usw. gebunden. Das Ausmaß der persönlichen Belastung mit Vorurteilen, die auch dann nicht geändert werden, wenn neue objektive Informationen eigentlich zu einer Aufgabe solcher „Voraus-Urteile" führen müßten, dürfte bei allen Menschen eine konstante Größe sein. Ein Unterschied besteht nur darin, daß die Wissensgebiete und Meinungsgegenstände, die auf dem Wege über Vorurteile bewältigt werden, zwischen den Menschen verschieden sind. Die Vielzahl vorliegender Untersuchungen belegt die universelle Verbreitung von Vorurteilen. Dabei denken wir bei Vorurteilen nicht nur an solche, die gegenüber anderen Völkern bestehen, sondern wesentlich an die in unserer eigenen Wirtschaft und Gesellschaft aktuellen. An solche, die Konflikte auslösen, die an sich vermeidbar wären. Um hier deutlich zu sehen, muß man die „Brillen" kennen, durch die man sich wechselseitig betrachtet; wenigstens diese sollte man versuchen, vorurteilsfrei zur Kenntnis zu nehmen, aber schon das allein wird häufig durch eigene Vorurteile verhindert.

Unsere Einführung in eine Psychologie sozialer Vorurteile ist das Ergebnis der Forschung auf der Basis einer Vielzahl von Einzeluntersuchungen aus meinem eigenen Arbeitskreis. Deshalb der Dank allen Mitarbeitern und denen, die diese Forschung überhaupt erst möglich machten; er gilt aber auch allen Freunden, die mich mit Ausdauer und Kritik drängten, verständliche Informationen aus dem Raume der wissenschaftlichen Erforschung von Vorurteilen zu bringen. Soweit dieser Versuch etwas gelungen sein sollte, verdanke ich dies nicht unwesentlich dem gründlich-sympathischen Lektorat von Frau Lill-Roemer. Um das Manuskript waren Frau W. Bott, Frau J. Tschech und wie immer meine Frau besorgt. Auch bei Ihnen darf ich mich herzlich bedanken.

Bonn, im Februar 1976 Prof. Dr. R. Bergler

Naives Verhalten

Alltägliches Leben und Verhalten ist ohne Lernen nicht möglich. Diese bewußt wie unbewußt, freiwillig oder auch mindestens unter einem gewissen Druck ablaufenden Prozesse führen zum Aufbau einer Welt durch Wissen und Meinung. Der psychologische Aufbau unserer Lebenswirklichkeit ist gleichbedeutend mit der Entwicklung einer zunehmend genauer werdenden Landkarte. Ein System, nach welchen Kriterien auch immer geartet, ist die Voraussetzung für die Etablierung eines stabilen persönlichen Standpunktes, von dem aus menschliche Orientierungs- und Steuerungsprozesse erst möglich und verständlich werden. Stabile Bezugspunkte sind die Voraussetzung für sinnvolles Verhalten.

Sind bestimmte Themen und Sachverhalte für einen Menschen neu, ungewohnt, dann kann er sie entweder negieren oder sich auf dem Hintergrund von Gehörtem und Gelesenem auf die Suche nach Bezugspunkten machen, die erklärend wirken. Dabei können verschiedene Menschen für ein und denselben Sachverhalt verschiedene Bezugspunkte wählen, so daß sie ihn unterschiedlich erleben und unterschiedlich bewerten. Wenn wir immer wieder unseren persönlichen Standpunkt mit Nachdruck vertreten, dann wird darin ein Stabilisationsmechanismus sichtbar, der unser naiv alltägliches Verhalten schon so selbstverständlich beherrscht, daß wir, wie bei allen Selbstverständlichkeiten, eigentlich überhaupt nicht mehr nachdenken und vielfach, wenn alltägliches Verhalten ökonomisch funktionieren soll, auch gar nicht nachdenken können. Damit ist bereits eine letztlich unauflösbare Widersprüchlichkeit menschlichen Verhaltens aufgezeigt: Wir müssen notwendigerweise mit einem großen Repertoire an Selbstverständlichkeiten leben, lernen diese in Zeiten ihres Verlustes sogar lieben, erhalten uns damit aber gleichzeitig nicht versiegende Quellen von Irrtümern oder des Nichtwissens. Das, was uns in der Umwelt stabilisiert, Verhaltenssicherheit gewährt, kann gleichzeitig Barriere für Weiterentwicklung, aber auch Auslöser zukünftiger Verhaltensunsicherheit und damit von Fehlverhalten sein. Merkbar wird dies häufig erst, wenn ganz bestimmte negative Folgen eingetreten sind.

Die Beschäftigung mit der Psychologie als Wissenschaft sollte eigentlich bei den uns liebgewordenen Meinungen, Einstellungen, Vorurteilen beginnen, die wir als selbstverständliche Wissensbestandteile behandeln, ohne zu bemerken, daß es sich eigentlich um ein Pseudowissen handelt. Weil dem so ist, wollen wir – mit dem Versuch, es möglichst wertfrei zu tun – von einem naiven Verhalten sprechen. Die Naivität ist attraktiv, weil sie lebensunmittelbar ist, vorstellungsreich, aber auch von risikobehafteter Spannung. Die Umwelt des Menschen ist weitgehend eine naive; ihr gehört seine unreflektierte Zuneigung und nicht der physikalisch-chemischen in Unbegreifbarkeit und rationaler „Kälte". Wir leben also weitgehend in einer uns selbstverständlichen Welt der Bilder, ohne uns dies letztlich einzugestehen. Diese „Bilder" setzen wir letztlich mit der objektiven Realität gleich, d. h. wir halten sie für wahr, obwohl es sich nur um verformte Abbildungen der eigentlichen Wirklichkeit handelt. Der Kulturphilosoph Rothacker (58; Seite 165) hat die geschilderten Erlebnistatbestände treffend charakterisiert: „Wir alle leben noch in einer Welt der Bilder und denken nicht im mindesten daran, dieselben in unseren praktischen Lebensentscheidungen zu verlassen. Noch nie hat es jemandem, den es nach einem selten gewordenen Lekkerbissen verlangte, gereizt, ein Elektronenbündel zu schlucken. Noch nie hat jemand einen Elektronenwirbel geküßt oder gar geheiratet. Ungeachtet der Richtigkeit physikalischer Ereignisse. Man muß demnach zwischen praktisch ‚gelebten' Welten – den ‚psychologischen Realitäten' – und theoretisch ‚erkannten' Welten – den ‚objektiven Realitäten' – streng unterscheiden. Damit ist natürlich nicht ausgeschlossen, daß Erkenntnisse sich von dem gelebten Weltbilde assimilieren lassen. Die ganze Welt aber, in der wir praktisch leben und wirken, einschließlich natürlich der politischen, wirtschaftlichen, religiösen, künstlerischen Lebensbetätigungen, bewegt sich in Lebenskategorien, deren Inbegriff als ‚vorwissenschaftliches Weltbild' dringend expliziter Behandlung bedarf . . . Es kann nicht genug unterstrichen werden, daß diese Tatsache, daß alle unsere großen Lebensentscheidungen in einer ‚naiv-realistischen Welt' fallen, daß die ganze Weltgeschichte und damit auch das Thema aller historischen Wissenschaften und Philologien in dieser naiv-realistischen Welt sich abspielt, ein Argument von größtem Gewicht auch für die Behandlung erkenntnistheoretischer Fragen darstellt . . . Die naiv gelebte Welt ist eine echte Umwelt und steht in strenger Korrelation zum konkreten Menschen."

Naiv gelebte Welten sind selbstverständlich gelebte Welten, ein universeller Besitzstand des Menschen, unabhängig von Privilegien und Bildung. Weil naiv gelebte Welten bildhaften Charakter tragen, sprechen wir von Eindrücken, die das Resultat einer Wechselwirkung zwischen Reiz, Situation und Persönlichkeit sind. Die so entstehenden „Abbildungen“ sind immer auch gefühlsbedingt und werden positiv oder negativ bewertet. Daß in diesem quasi vorwissenschaftlichen Weltbild theoretisch und empirisch begründete Urteile nur in Spurenelementen vorhanden sind, liegt auf der Hand. Daher ist man berechtigt, die naiv gelebte Welt auch als eine Welt der „Voraus-“, der „Vorurteile“, als eine Welt der Meinungen, Einstellungen und Images zu bezeichnen. Von und mit diesen Welten leben Menschen. Sie lieben ihre Vorurteile, weil ihnen diese ihre Umwelt praktikabel machen und dadurch der notwendige Grundbestand an Selbstsicherheit gewährleistet ist.

Naives Verhalten entsteht aus der Verarbeitung jener psychologischen Realitäten, die für uns einen fast objektiven Charakter haben und die sich so selbstverständlich und selbstsicher in der privaten und öffentlichen Diskussion darstellen. Ein jeder könnte sich selbst bei naivem Verhalten ertappen, also die unterschwellige Liebe zu seinen Vorurteilen entdecken. Dazu scheint uns ein Einblick in die Psychologie des ersten Eindrucks besonders geeignet, handelt es sich hier doch um alltägliches, selbstverständliches, dabei aber gleichzeitig stets aktuelles naives Verhalten, das sogar vielfach unter dem Aspekt der Gültigkeit, also objektiver Richtigkeit, erörtert wird.

Wovon der erste Eindruck abhängt

Als eigenständiges Erlebnis ist der erste Eindruck zweifellos unbestritten. Sicherlich denkt man bei diesem Begriff zunächst und wesentlich an Erstbegegnungen mit Personen; daß man aber nicht nur von Personen – real oder auf Photographien – einen „ersten“ Eindruck haben kann, sondern daß analoge Erlebnisse auch in Verbindung mit Begriffen, Aussagen, Objekten (Dingen), Beziehungs- und Bedeutungszusammenhängen auftreten, wird noch zu zeigen sein. Bleibt man bei dem zentralen Gegenstand des ersten Eindruckes, nämlich Personen, dann sind eigentlich solche Eindrücke alltägliche Erlebnisse, die für unser – und sei es auch nur vorübergehendes – Verhalten nicht ohne Belang sind. Bei vorhandenen Wahlmöglichkeiten eines Sitzplatzes im Zug kann die Entscheidung – gehen wir einmal von einem männlichen „Platzsucher“ aus – nicht unwesentlich vom physischen Attraktivitätsgrad der möglichen Reisebegleiterin bestimmt sein; erste Eindrücke haben wir aber auch von neuen Arbeitskollegen, einem neuen Vorgesetzten, der neuen Verkäuferin im Geschäft, einem noch unbekannten Postboten, einem Körperbehinderten, aber auch von Tatverdächtigen, deren Photos nach der Tagesschau mit der Bitte um Fahndungshilfe über die Bildschirme flimmern. Es gibt keine Form positiver oder negativer mitmenschlicher Beziehungen, die nicht von einem ersten Eindruck ausgeht. Überdauernde Beziehungen zu anderen Menschen sind häufig sogar durch ein Überdauern des damaligen ersten Eindruckes charakterisierbar, das heißt man glaubt sich fest an diesen zu erinnern und verbindet damit häufig noch die Vorstellung, daß „mich eigentlich mein erster Eindruck noch kaum im Stich gelassen hat“. Diese subjektive Sicherheit der diagnostischen Richtigkeit des ersten Eindruckes ist, neben der Eigenständigkeit des Erlebnisses an sich, ein zusätzliches wesentliches Bestimmungsstück des Phänomens. Wie sehen nun solche ganzheitlichen Eindruckserlebnisse aus, an deren Anfang ein Akt der positiven oder negativen Bewertung (vgl. Schlosberg 1952; Hofstätter 1955; Merz 1957; Abelson & Serviat 1962; Frijda 1969) steht? Nur beispielhaft können verschiedene Aspekte „erster Eindrücke" veranschaulicht werden. Da solche Eindrücke aber nicht nur von optischen Reizen (Photographien, Filmen und persönlichen Begegnungen) ausgelöst werden, sondern auch durch Kurzbeschreibungen von Personen (verbale Etikettierungen) oder durch bloße Stimmqualitäten (wie eine Stimme unabhängig vom Inhalt wirkt) und anderes mehr, soll eine Unterscheidung nach diesen in der Wirklichkeit nicht voneinander unabhängigen Erscheinungsweisen vorgenommen werden.

Personen werden beschrieben

Wie optische Eindrücke wirken

Unter charakterologischen Eindrucks- und Vor-Urteilen verstehen wir die spontane oder gestützte Zuordnung von Persönlichkeitsmerkmalen zu Menschen – aus experimentellen Gründen werden vielfach Photographien als Reizmaterial vorgelegt – die der Person des Beurteilers objektiv völlig unbekannt sind. Es findet also auf der Basis eines ersten Eindruckes, ohne echte Information eine Beurteilung anderer Menschen statt. Jeder Mensch praktiziert mit großer Selbstverständlichkeit und Naivität dieses Verhalten und wird selbst auch von einem solchen Verhalten anderer betroffen. Wir begegnen Menschen ja nicht ohne Neugierde und glauben erst dann mit ihnen zurechtzukommen, wenn wir sie beschreiben, also beurteilen können.

Beispiel: Frauentypen

Zur Veranschaulichung wählen wir einige spontane wörtliche Äußerungen zur Charakterisierung von zwei Frauen aus einer Serie von insgesamt fünf Photographien (vgl. Abb. 1). Für das Verständnis, vor allem der Aussagen zu „Typ II", ist wichtig zu wissen, daß es sich um Untersuchungsergebnisse aus dem Jahre 1958 handelt. Diese älteren Daten wurden bewußt gewählt, weil damit auch die zeitlich, modisch, geschmackliche

Abb. 1

Typ I Typ II

Bedingtheit des ersten Eindrucks deutlich wird. Das Experiment kann jeder Betrachter mit sich selbst machen. Wenn allerdings dasselbe Reizmaterial zu unterschiedlichen Zeiten unterschiedliche Ergebnisse bringt, dann ist die Richtigkeit eines solchen Urteils mindestens mit einem Fragezeichen zu versehen. Es stellt sich also die Frage, wieweit der so viel gerühmte erste Eindruck ein Vorurteil darstellt, das unter anderem durch den Einfluß erlernter, zeitgebundener gesellschaftlicher Normvorstellungen zustandekommt. Aber greifen wir zunächst Ergebnisse von Studien heraus, die demographisch repräsentativ sind:

Typ I

„Die ist mir sofort sympathisch. Hat ein freundliches Wesen, ist schlicht, mütterlich, aber doch ziemlich lebhaft. Sie hat ein großes Herz, ist immer hilfsbereit, sozial eingestellt.

Sie ist nur Hausfrau, einen Beruf hat sie nie gehabt. Der Mann ist Beamter. Sie ist 40 Jahre alt und hat drei bis vier Kinder. Ihre Einstellung zur Hausarbeit ist positiv, sie putzt gründlich, alles ist sauber, eine gute, normale Hausfrau.

Sie führt ein harmonisches Familienleben. Die Frau ist der Mittelpunkt, von ihr aus gehen Strahlen auf Mann und Kinder aus.

So eine Nachbarin wünscht man sich, hat ein verbindliches und vermittelndes Wesen. Hat keinen so großen Bekanntenkreis, nur einige, aber sehr gute Freunde.

Sie hat mehr geistige Interessen, abends liest sie, hört gute Musik und geht auch gerne ins Theater. Am Wochenende machen sie meistens einen Familienausflug mit Wandern und nettem Kaffeetrinken.

Sie versteht es, sparsam zu wirtschaften, ist haushälterisch. Sie achtet zuerst darauf, daß es gut ist, vergleicht die Preise in verschiedenen Geschäften, kauft gut und preiswert. Hat nur wenig persönliche Ansprüche, nur für die Familie.

Macht nicht viel Make-up-Geschichten, nur gründlich waschen und baden. Legt Wert auf praktische Kleidung, mehr ganze Kleider als Jackenkleider, solider Stoff – solider Schnitt.

Die sieht so lieb und gutmütig aus, eine nette, brave Frau, sauber und ordentlich.

Sie wird so 35 Jahre alt sein, Hausfrau, mit drei Kindern; der Mann ist Bauarbeiter.

Eine gute Hausfrau, sie macht alles mehr langsam, aber gut. Scheint eine treusorgende, gute Frau zu sein – nur wegen des Geldes gibt es schon einmal Auseinandersetzungen; zu den Kindern ist sie gut. Das wäre eine gute Nachbarin, ist nicht zänkisch veranlagt, bleibt mehr für sich. Sonntags geht sie mit Kindern und Familie spazieren. In der übrigen Freizeit bringt sie ihre Sachen in Ordnung, stopft Wäsche.

Versteht es, sparsam zu wirtschaften, kauft billig und preiswert ein. Sich selbst gönnt sie nichts, erst kommt die Familie! Auf Kosmetik legt sie keinen Wert. Ihre Kleidung ist einfach und schlicht, näht viel selbst."

Typ II

„Eine Frau, die sehr leichtlebig ist, nimmt alles auf die leichte Schulter, oberflächlich, arrogant, unsympathisch. Im Haushalt nicht so sehr tüchtig, nicht viel Erfahrung; Mann müßte schon viel Geld haben, vielleicht Ingenieur. Selbst ist sie Sekretärin, 30 Jahre alt; keine Kinder, sie liebt die Freiheit, liebt ungebundenes Leben.

Fährt nach dem Dienst mit dem Wagen raus, liebt Vergnügungen, Kino und Theater, schaut auch mal beim Fernsehen zu.

Geld hat sie reichlich und bringt doch alles unter die Leute. Kauft nur teure Sachen. Gibt viel für sich aus; raucht 30 Zigaretten täglich. Gibt auch für Kosmetika viel aus, alles, was es so gibt, sogar Haarfärben. Sehr elegant gekleidet, ja, die kann ich mir vorstellen, zu jeder Gelegenheit ein anderes Kleid.

Aufgeschlossen, lebhaft, hat flotte leichte Art – kann aber auch ernst sein, manchmal sogar etwas schwermütig, ist wechselhaft, launisch. Zeigt ihren Kummer nicht nach außen, versucht ihn durch strahlendes Wesen zu verbergen; nimmt eigentlich alles ernst. 25–26 Jahre alt, ist im Büro. Hausarbeit liegt ihr nicht so; wenn sie müßte, wäre sie schon gewissenhaft, aber schnell. Ist mehr Berufsmensch, Beruf geht über Familie.

Sie legt nicht viel Wert auf engen Kontakt mit Nachbarn, aber es wäre doch mit ihr auszukommen. Geht in Gesellschaften, hat so ihre Kreise, ihre Clubs, hat Theaterabonnement, geht in Konzerte. Kommt mit ihrem Geld schon zurecht, teilt ein. Kauft nach Schick und Eleganz; gönnt sich sehr viel, hat keine anderen Verpflichtungen.

Benutzt Lippenstift, Augenbrauenstift, Parfüm, was man so hat, nicht übermäßig viel. Elegant und modern gekleidet. Hat keine Kleider, die man den ganzen Tag über trägt, sondern die immer nur für bestimmte Gelegenheiten passen."

Unter Verzicht auf eine zusammenfassende Darstellung und Interpretation gelingt eine erstaunliche Differenzierung vom Eindruck, den eine fremde Person macht. Entscheidend – auch für alle folgenden Beispiele – ist jenes eigentümliche, weitgehend unbewußte und so naiv selbstverständliche Phänomen, daß wir uns schon nach geringster Information einen relativ differenzierten Eindruck über andere Menschen bilden. Einen Eindruck, der uns subjektiv gegliedert und sinnvoll erscheint. Das Nicht-Wissen um ein so hohes Informationsdefizit rechtfertigt es, die abgegebenen Eindrucksurteile als naives Verhalten, als Vorurteil zu bezeichnen, denn wo – so kann man fragen – läßt sich dem

Bild I entnehmen, daß diese Frau ,,lieb . . . gutmütig . . . brav und ordentlich" ist?
Als weiteres Beispiel seien die Berufsleitbilder erwähnt. Darunter werden all jene Zuordnungsprozesse verstanden, in denen Menschen mit ganz bestimmten Berufen in Verbindung gebracht werden. Die einem repräsentativen Querschnitt der westdeutschen Bevölkerung im Jahre 1960 gestellte Frage: ,,Es gibt Menschen, denen steht ihr Beruf im Gesicht geschrieben. Ich habe hier einige Bilder (vgl. Abb. 2), versuchen Sie doch einmal herauszubekommen, welchen der auf dieser Liste aufgeführten Berufe diese Leute haben könnten?" – erbrachte den in Tabelle 1 dargestellten Gesamtbefund: Der statistisch gesicherte Test zeigt, daß mit den verschiedenen Bildern bestimmte Vorstellungen über Berufsgruppen in einen inneren, in keiner Weise zufälligen Zusammenhang gebracht werden. Daß bei einem solchen Prozeß auch Streuungen auftreten, kann als eine erste Erschütterung der These von der Richtigkeit des ersten Eindruckes gewertet werden. Die Frage aber, wieso es trotz allem zu einer so großen Anzahl übereinstimmender Urteile kommen kann, muß mit einem vorläufigen Hinweis auf die gemeinsame Lernbiographie vieler Menschen beantwortet werden. Wenn wir von Vor-Urteilen sprechen, dann handelt es sich anscheinend nicht um individuelle Vorurteile, sondern um solche, die immer Gruppen von Menschen gemeinsam sind. Daß man in Vorurteilen innerhalb der eigenen Gruppe häufig übereinstimmt, ja von der Entwicklung gesehen übereinstimmen muß, ist mit ein Grund dafür, daß die Frage nach der Richtigkeit praktisch überhaupt nicht gestellt wird und deshalb die Zuordnungen mit so hoher naiver Selbstverständlichkeit getroffen werden.

Abb. 2

Tabelle 1 **Anzahl der Zuordnungen (absolut)**

Bildvorlage	O	R	S	T	U	W	J	K	L	M	N
Inhaber land- und forstwirtschaftlicher Betriebe, selbständige Gärtner und Fischer	79	1033	159	199	40	199	755	79	238	79	199
Freie Berufe, wie Ärzte, Rechtsanwälte, selbständige Handelsvertreter, Künstler	715	199	1470	318	318	1311	199	159	636[1]	397	1192
Kaufleute und Handwerker mit 10 und mehr Beschäftigten	278	119	278	79	40	278	119	357	278	79	238
Kaufleute und Handwerker mit weniger als 10 Beschäftigten	358	199[1]	159	159	40	278	238	159	159	159	278
Höhere Beamte (Regierungsrat und höher)	199	40	477	40	–	119	40	755	357	40	318
Beamte (bis Amtmann)	516	40	358	119	40	199	79	556	318	119	358
Leitende Angestellte	636	79	199	159	40	358[1]	79	1669	119	238	238
Nicht leitende Angestellte	596	79	79	516	357	238	159	40	40	1232	159
Nicht selbständige Handwerker und Facharbeiter	159	874	79	914	437	357	834	40	40	636[1]	238
Angelernte Arbeiter	119	437	40	755	1390	199	636	–	40	397[1]	119
Landwirtschaftliche Arbeiter	40	596	40	278	715	79	477	–	79	159	80
Rentner, Pensionäre	–	40	437	–	–	40	80	199	1430	–	278
Weiß nicht	397[1]	357	357	477	556	397[1]	397[1]	278	318	517	397[1]
	4092	4092	4132	4013	3973	4052	4092	4291	4052	4052	4092

[1] = nicht signifikant

Wie verbale Eindrücke wirken

Um einen Eindruck von einem Menschen zu haben, um ein Urteil über ihn abzugeben, bedarf es nicht unbedingt der optischen Gegenwart oder einer Abbildung. Zweifellos ist die Informationsreduktion bei einer Beschreibung im Telegrammstil noch weitgehender als dies bei einem Bild der Fall ist. Man kann auch in diesem Zusammenhang stets die praktische Bedeutung eines solchen Vorgehens belegen. Wer hat noch nie einen Menschen aus bloßen Kurzschilderungen anderer kennengelernt und sich dann ein entsprechendes Bild zurechtgemacht? Vermittelt man beispielsweise seiner Ehefrau oder auch Freundin einen Eindruck von Personen, die ihnen noch nie begegnet sind, einem selbst aber aus dem Alltag bekannt sind, dann begnügt man sich weitgehend mit verbalen Kurz-Charakterisierungen; auch in der beruflichen Praxis, der politischen Auseinandersetzung geht dem möglichen persönlichen Kennenlernen vielfach eine Etikettierung durch wenige Eigenschaften voraus. Diese Vorausinformation führt zu Eindrucksurteilen, die sich relativ rasch verfestigen und damit auch als Rahmenbedingungen der weiteren, sich möglicherweise differenzierenden, Beurteilung wirksam werden. Das verhindert weitgehend die Aufnahme von Informationen, die der minimalen Erstinformation widersprechen und die möglicherweise zu einer Verobjektivierung des Persönlichkeitsurteiles beitragen könnten. Haben sich also erst einmal mit einem bestimmten Namen bestimmte Eigenschaften verbunden, dann ist das Lernen eines gegenteiligen Zusammenhanges praktisch unmöglich (vgl. Lilli & Lehner 1971). Wenige Hinweise auf eine Person oder auch die Träger ganz bestimmter Berufsrollen sind also ausreichend, um daraus und auf dem Hintergrund unbewußt gelernter (impliziter) Persönlichkeitstheorien ein psychologisch stimmiges Persönlichkeitsbild zu entwerfen. Liest man beispielsweise in der Tageszeitung unter der Rubrik Bekanntschaften den Text: „Ich biete nette Unterhaltung in gepflegter Atmosphäre – rufen Sie Telefon . . .", dann entwickelt sich daraus vermutlich ein recht eindeutiges Persönlichkeits- und Berufsbild der Absenderin. Wir nehmen also Beurteilungen unserer Umwelt sowohl auf der Basis optischer wie verbaler Reize vor.

Beispiel I

Es ist nicht selten, daß ein Mensch wesentlich durch die Eigenschaft „sauber" beschrieben wird; man spricht dann von einem „sauberen Mädchen", einem „sauberen Kerl". Sauberkeit kann man nun naiv definieren als die Abwesenheit von sinnlich wahrnehmbarem Schmutz. Mit Sauberkeit ist also an sich nur das Ergebnis spezifischer Reinigungspraktiken angesprochen. Dies hindert uns Menschen nun aber nicht daran, bei der Frage nach der Beschreibung eines sauberen Mädchens unmittelbar charakterologische Persönlichkeitsmerkmale anzuführen, wie:

Häßlich, freundlich, ordentlich, gewissenhaft, pünktlich, ehrlich, pflichtbewußt, selbstsicher, großzügig, zielstrebig, erfolgreich, setzt sich durch, intelligent, kontaktfreudig, angepaßt, sympathisch, gesund.

Um die Eigenschaft „sauber" sind also eine Reihe von sozial wünschenswerten Persönlichkeitseigenschaften angesiedelt, die an sich mit dem Ergebnis von Sauberkeitsverhalten nicht das geringste zu tun haben. Eine einzige, psychologisch zentral wirksame Eigenschaft genügt also, um ein relativ umfassendes naives Persönlichkeitsbild gleichsam selbstverständlich entstehen zu lassen. In der wissenschaftlichen Psychologie ist die Diskussion über soziale Eindrucksbildung noch lange nicht beendet; im Mittelpunkt steht letztlich immer wieder die Frage, wie eigentlich ein Mensch verschiedene, meist quantitativ beschränkte Einzelinformationen über einen Menschen zu einem Gesamturteil ausformulieren kann, welche Prozesse dem zugrunde liegen (vgl. Asch 1946; Wishner 1960; Triandis & Fishbein 1963; Fishbein & Hunter 1964; Todd & Rappaport 1964; Anderson 1965; Brunner, Shapiro & Tagiuri 1965; Rosenberg & Nelson 1968; Weyer & Dermer 1968; Wyer & Watson 1969; Peadbody 1970; Rosenberg & Olshan 1970; Schümer 1971 u. a.).

Die Psychologie begnügt sich nicht mit der bloßen Beschreibung von Vorurteilen wie den angeführten, sondern versucht auch Einblick in die dabei wirksamen Kombinationsmechanismen zu gewinnen, mit dem Ziel, Voraussagen über das konkrete Ergebnis von Prozessen der Eindrucksbildung machen zu können (vgl. auch Schümer 1971).

Nach diesem Einblick in mögliche Mechanismen der naiven verbalen Beschreibung anderer Personen, der Ausformulierung eines Gesamteindruckes, ausgehend von einer zentral-wirksamen Eigenschaft, sollen doch noch einige zusätzliche Beispiele für die konkreten Inhalte bestimmter Kürzel zur Etikettierung anderer Menschen genannt werden.

Beispiel II: Das Reizwort „Unternehmer"

Zweifellos handelt es sich bei dieser Berufsangabe um einen Reiz, der in der öffentlichen wie ideologischen Diskussion überstrapaziert wird. Die Frage ist auch hier: Welche Inhalte bestimmen diesen Begriff, welche Vorstellungen und Persönlichkeitsmerkmale verbinden sich im naiven Selbstverständnis mit diesem Reizwort; oder anders gewendet: Wie sieht das ungeprüfte Vorurteil aus? Wir haben an Hand eines sogenannten Eindrucksdifferentials, das heißt mit Hilfe vorgegebener polar angeordneter Eigenschaften, eine entsprechende Untersuchung vorgenommen. Als Beurteiler dienten eine Gruppe Hausfrauen, eine Gruppe Arbeiter und kleiner Angestellter sowie eine Gruppe leitender Angestellter.

Erstaunlicherweise stimmen alle drei Gruppen in ihrer Beurteilung des Unternehmers, von geringfügigen Unterschieden abgesehen, überein, und dies, obwohl eigentlich nur die leitenden Angestellten konkret mit Unternehmern zusammenarbeiten. Die Fragen nach persönlichem Kennenlernen, nach eigener persönlicher Erfahrung, stellen sich beispielsweise die untersuchten Hausfrauen überhaupt nicht. Das Reizwort Unternehmer löst ein differenziertes Eindrucksurteil aus, das dann als persönliches Bezugssystem wirkt, wenn das Thema angesprochen wird. Faßt man das Wesentliche zusammen, dann können bei einer insgesamt positiven Gesamtbewertung an besonders ausgeprägten Eigenschaften des typischen Unternehmers angesehen werden: sehr sachlich, selbstbewußt, sehr kontaktfreudig, wendig, kraftvoll, sehr pflichtbewußt, energisch, lebenstüchtig, reif, hart.

Läßt man einmal kleinere Unterschiede zwischen den drei untersuchten Gruppen unberücksichtigt, dann wird hier eine Beurteilung abgegeben, die den Unternehmer als eine sehr rationale Persönlichkeit mit einem hohen Grad menschlicher Reife und Pflichtbewußtsein zeigt. Als weitere Charakteristika kommen Dynamik und Härte hinzu. Gefühlsqualitäten im engeren Sinn erscheinen weniger ausgeprägt; sie werden durch die zentralen Eigenschaften praktisch als nicht denkmöglich gleichsam automatisch ausgeschlossen.

Nun hat man ja nicht nur verfestigte Vorstellungen, Urteile – besser Vorurteile – über andere Menschen, Berufsgruppen, Dinge und Funktionszusammenhänge, sondern fühlt sich in gleicher Weise imstande, über sich selbst ein Urteil abzugeben. Psychologen sprechen von einem Selbstbild, das noch unterteilt werden kann nach einem idealen und einem realen Selbstbild. Wir haben nun in Verbindung mit der Untersuchung des „Unternehmer-Bildes" auch gleichzeitig das persönliche reale Selbstbild der verschiedenen Gruppen mit erhoben und die erhaltenen Profile dem des „typischen Unternehmers" gegenübergestellt (vgl. Abb. 3–5).

Dabei werden unterschiedliche Distanzierungs- oder Identifikationsgrade sichtbar. Mit diesem Verfahren ist es – vereinfacht ausgedrückt – möglich, nicht nur ein Eindrucksurteil über andere darzustellen, sondern gleichzeitig eine Aussage darüber zu machen, in welcher psychologischen Distanz man sich selbst zu dem in Frage kommenden Meinungsgegenstand befindet, welche Bedeutung also ein Eindrucksurteil für den, der es abgibt, selbst hat. Vergleicht man nun die Beurteilung des typischen Unternehmens (vgl. dazu auch Pross

Abb. 3

Vergleich des Bildes des typischen Unternehmers
in der Sicht der Hausfrau
mit dem Selbstbild der Hausfrau

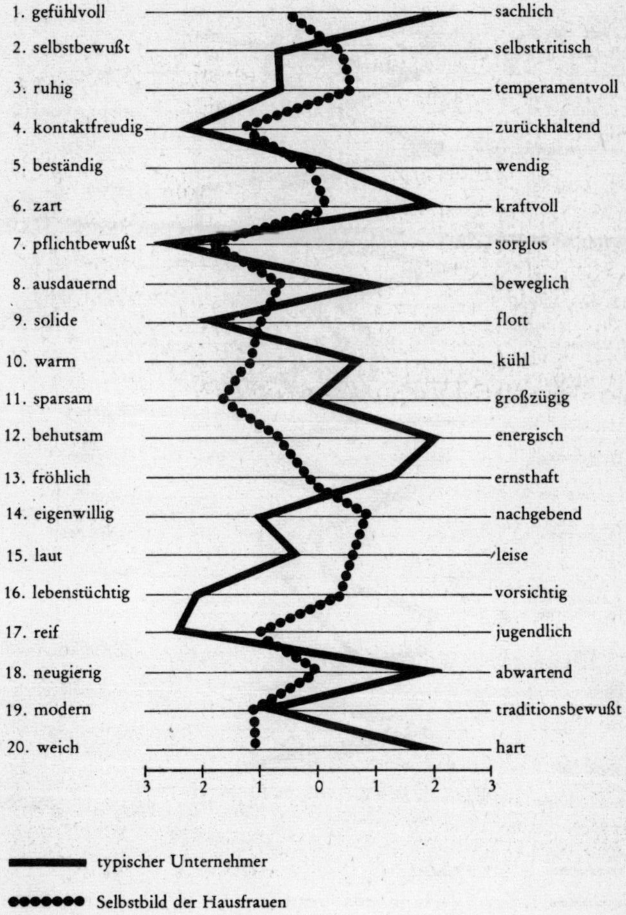

Abb. 4

Vergleich des Bildes des typischen Unternehmers
in der Sicht der normalen Arbeitnehmer
mit dem Selbstbild der normalen Arbeitnehmer

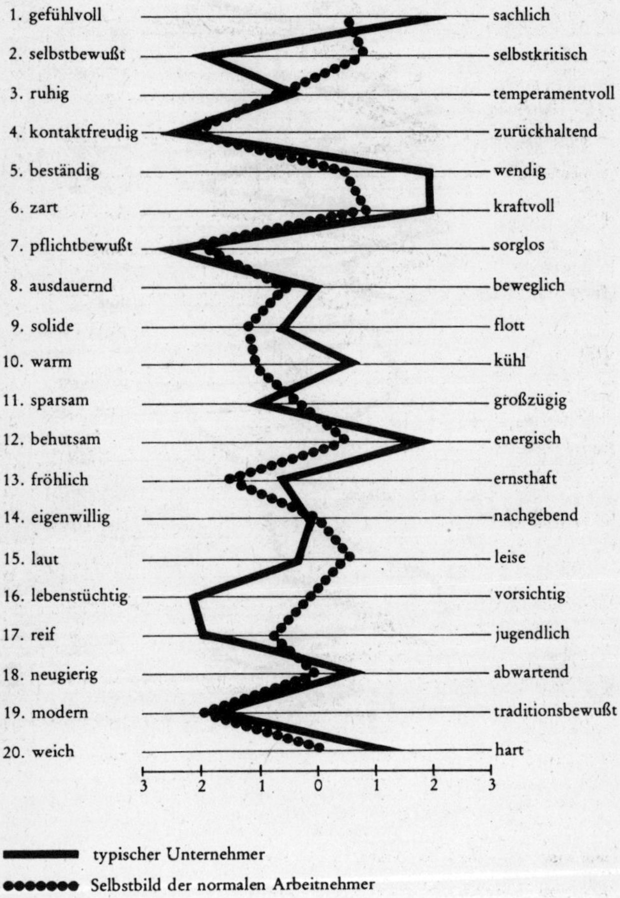

Abb. 5

Vergleich des Bildes des typischen Unternehmers
in der Sicht der leitenden Angestellten
mit dem Selbstbild der leitenden Angestellten

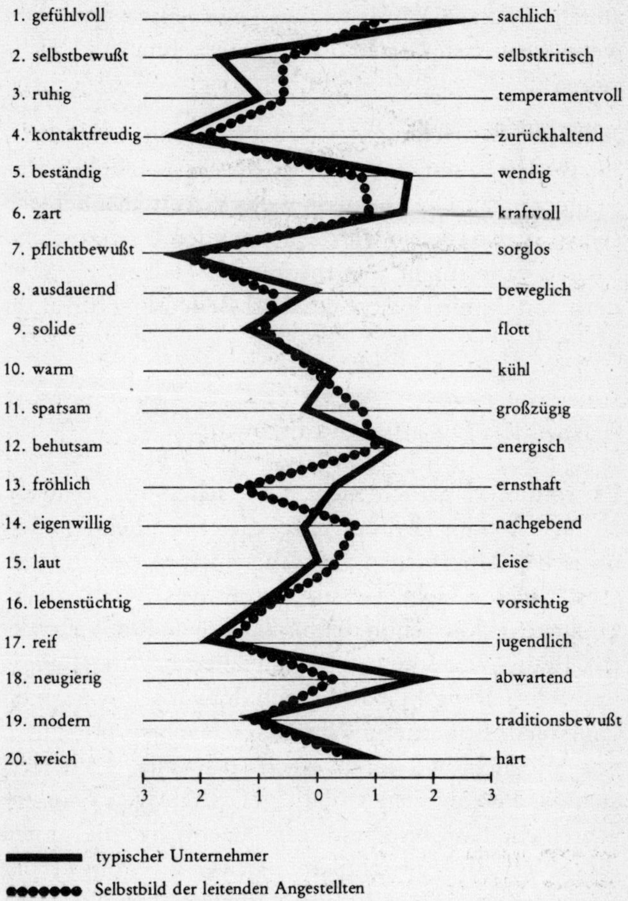

1972; Andreae & Freudenfeld 1973; Röglin 1974) mit dem jeweiligen Selbstbild, dann zeigt sich sehr deutlich, daß sich (1) die Hausfrauen in deutlicher Distanz zum typischen Unternehmer erleben, (2) die „normalen" Arbeitnehmer sich in ihrem Selbstbild gegenüber den Hausfrauen etwas mehr dem Bild des Unternehmers annähern, und (3) die leitenden Angestellten sich schon weitgehend mit dem Bild des Unternehmens identifizieren.

Auch die Beurteilung der eigenen Person und praktiziertes Verhalten stehen in einem verständlichen Zusammenhang. Die Diskussion der Vorurteile über sich selbst ist also ebenso wie die über andere Personen und Sachverhalte, nicht nur theoretisch bedeutsam, sondern von unmittelbar praktischer Bedeutung für unser Handeln.

Beispiel III: Die attraktive Frau

Es kommt sicherlich nicht allzu selten vor, daß ein Mann schon im Vorübergehen, gleichsam beim bloßen optischen Überfliegen von Angehörigen des anderen Geschlechtes, sein Urteil „attraktives Weib" fällt. Umgekehrt löst schon der bloße verbale Reiz „attraktive Frau" ein buntes und differenziertes Vorstellungs- und Beurteilungsbild aus. Auch Frauen selbst nehmen eine solche Etikettierung ihrer Geschlechtsgenossinnen vor, möglicherweise nur etwas sparsamer. Läßt man sich das Persönlichkeitsbild einer attraktiven Frau beschreiben, dann wird besonders augenfällig, wie schnell dieses Urteil beobachtbare Sachverhalte physischer Attraktivität – über die sich geschmacklich sicherlich streiten läßt – verläßt und definitive Aussagen über

Charaktereigenschaften in sich aufnimmt. Beobachtbaren, dabei aber immer schon bewerteten, äußeren Merkmalen einer Person werden erneut und mit erstaunlicher Naivität und Selbstverständlichkeit unbewiesene innere Merkmale beigeordnet. So selbstverständlich wie viele Männer von einem positiven Zusammenhang von physischer Attraktivität und Intelligenz bei Frauen ausgehen, so selbstverständlich gehen viele Frauen auch von der intellektuellen Dominanz des Mannes aus. Werden solche mit Überzeugung vorgetragenen Urteile überprüft, dann zeigt sich in den meisten Fällen, daß diese Stabilisatoren nichts anderes sind als lieb gewonnene Vorurteile, deren Funktionieren gewährleistet ist, solange in unserer Bezugsgruppe keine gegenteiligen Vorurteile oder gar „objektive Realitäten" diskutiert werden. Faßt man einmal das Meinungspsychogramm des Reizes „attraktive Frau" schematisch zusammen, dann ergibt sich bei einer Stichprobe (befragt wurden 20–30jährige Frauen) folgendes Bild:

Figur:	schlank lange Beine schmale Taille schlanke Hände mittelgroßer Busen: gute Oberweite nicht zu dünn gute Proportionen: ausgewogen und harmonisch
Kleidung:	sportlich elegant dezent, vornehm hochstehende Qualität modern Abstimmung von Kleidung und Typ
Alter:	26–40 Jahre

Beruf:	Sekretärin Akademikerin: Leitende Positionen Journalistin künstlerische Berufe Dolmetscherin Stewardess Mannequin
Interessen:	Sport: Tennis, Schwimmen, Reiten, Skilaufen, Segeln Musische Interessen: Literatur, Musik, Theater Geselligkeit
Charaktereigenschaften: Positive Merkmale:	Optimistische Lebenseinstellung freundlich, aufgeschlossen, gesellig lustig, fröhlich, temperamentvoll ausgeglichen, selbstsicher selbstbewußt intelligent zielstrebig, dynamisch
Negative Merkmale:	überheblich, eingebildet egoistisch, aggressiv rivalisierend

Schon dieses qualitative Bild macht deutlich, daß Reize, Auslöser, ja sogar letztlich Repräsentanten von erlernten und gespeicherten Vorstellungsbildern, Images, Typologien sind. Etiketten, mit denen wir Personen und Objekte der uns begegnenden Welt bezeichnen, sind Kürzel mit umfänglichem Bedeutungsgehalt. Sobald ich zum Beispiel auf Grund von wenigen Informationen über Kleidung, Aussehen, mimischem und pantomimischem Verhalten eine typologische Einordnung einer Person vornehme, erfolgt gleichzeitig eine Zuordnung von Merkmalen ihres Charakters, ihrer Berufsrolle, gewissen demographischen Daten, für die nicht die geringsten sichtbaren Ansatzpunkte gegeben sind.

Wie akustische Eindrücke wirken

Unser erster Eindruck von einem Menschen kann einer flüchtigen optischen Begegnung, einer verbalen Kurzcharakteristik, aber auch einem bloß akustischen Erlebnis entspringen.

Man kann einem Menschen erstmals am Telefon oder vielleicht auch über den Rundfunk begegnen. Inhaltlich Gesprochenes und nonverbale Stimmqualitäten (Stimmhöhe, Lautstärke, Monotonie, Pausensetzung) verbinden sich dann zu einem unmittelbaren und ganzheitlichen Eindruck. Dabei ist die Stimmqualität, ähnlich dem beispielhaft erwähnten Adjektiv sauber – eine zentral wirksame Eigenschaft für die Formulierung des Eindrucksurteils. Da dem Laien für die Beschreibung von Stimmqualitäten nur wenige Begriffe zur Verfügung stehen, „übersetzt" er diese unmittelbar in Vorstellungen über den Sprechertyp. Daß mit ganz bestimmten Stimmen ganz bestimmte Berufsrollen (Geistlicher, Dozent, Droschkenfahrer u. a.) in Verbindung gebracht werden, haben schon frühe Untersuchungen (Herzog 1933; Bonaventura 1935; Sarbin 1953 u.a .) gezeigt; der Glaube, Stimmqualitäten seien ein zutreffendes Instrument der Persönlichkeitsdiagnostik, zeigt sich in allen einschlägigen Arbeiten der Ausdruckspsychologie (vgl. Fährmann 1960); unsere Arbeiten machen klar, daß Stimmqualitäten Auslöser differenzierter Eindrucksurteile sind, die auch selbstsicher abgegeben werden, aber mit den überprüfbaren objektiven Merkmalen des Sprechers nur in einem zufälligen Zusammenhang stehen. Beispielsweise vermag eine männliche Sprechstimme – und jedermann kann analoge Experimente mit sich selbst durchführen –

Vorstellungen eines 30–40jährigen Mannes von großer und kräftiger Statur zu vermitteln; charakterisierbar durch angepaßte Selbstverständlichkeit, Sachlichkeit und soziale Gewandtheit. Das angenommene gehobene berufliche Positionsniveau ist verbunden mit modern-dezenter Kleidung. Diesem Eindrucksurteil stellen wir die Kurzcharakteristik einer weiblichen Sprechstimme gegenüber. Die dazu befragten weiblichen Personen beurteilen ihre Geschlechtsgenossin auf Grund akustischer Reizinformationen als nicht besonders hübsch, nicht anziehend, keineswegs attraktiv; bei angenommen molligem Körperbau erscheint sie in ihrer Kleidung einfach und durchschnittlich. Wesensmäßig wirkt sie rechthaberisch, belehrend, von der Gültigkeit der eigenen Meinung überzeugt (vgl. zu diesem Problemkreis auch Schneewind 1965, 1966).

Auch auf der Basis letztlich minimaler akustischer Informationen fällen wir also Urteile, die in ihrem Informationsgehalt weit über das hinausgehen, was eigentlich in objektiver Weise möglich ist. Wir lieben diese Vorurteile, praktizieren sie naiv und selbstverständlich und sind entweder überrascht oder ärgerlich, wenn uns jemand den objektiven Beweis für unsere Aussagen abverlangt.

Wie geruchsbedingte Eindrücke wirken

Zweifellos liegt beim Menschen eine Verkümmerung des geruchlichen Unterscheidungsvermögens vor. Wir sind – und das scheint typisch – in unserer sprachlichen Fähigkeit, unterschiedliche Gerüche und Duftnoten zu identifizieren, extrem beschränkt. Umschreibungen und Analogien müssen als Eselsbrücken herhalten.

Trotzdem kann nicht bestritten werden, daß ein Duft, dem man in einem Aufzug begegnet, Vorstellungen, Eindrucksurteile und Bewertungen auszulösen vermag. Auch Duftmarken, Duftnoten sind also Auslöser erster Eindrücke und können Zuwendung oder Abwendung nicht unerheblich beeinflussen.

Die psychologische Bedeutung dieses Sachverhaltes für die Entwicklung menschlichen Sozialverhaltens wird für das Angebot von Duftwässern und Desodorantia direkt genutzt, indirekt sichtbar aber wird sie in der geläufigen Rede von einem Menschen, „den man gut" oder „den man nicht riechen kann". Untersucht man die damit verbundenen Vorstellungen – und zweifellos handelt es sich dabei um eine relativ allgemeine Beschreibung – dann kann man (vgl. Abb. 6), wenn auch auf sehr indirekte Art und Weise, ein weiteres Feld von uns bevorzugter Vorurteile deutlich machen. Um Mißverständnissen vorzubeugen: Es muß kein Vorurteil sein, Duftnoten als abstoßend zu charakterisieren, obwohl auch dafür, wie bei allen Sympathie- und Antipathieurteilen, soziokulturelle Einflüsse mitverantwortlich gemacht werden müssen, also objektive Auslöser im eigentlichen Sinne nur beschränkt gegeben sind. Allerdings liegt spätestens dann ein nachweisbares Vorurteil vor, wenn aus der bloßen spezifischen Duftinformation ein unmittelbares Stimmigkeitserlebnis mit ganz bestimmten Äußerlichkeiten (Verhalten, Kleidung, Frisur, Kosmetikverhalten), aber auch Innerlichkeiten, in Form von Charaktereigenschaften, auftritt. Mit einer solchen Etikettierung können jedoch auch mögliche Verhaltensunsicherheiten beseitigt, die eigene Umwelt von undefinierten Reizen befreit und das eigene Weltbild wieder in Ordnung gebracht werden.

Abb. 6

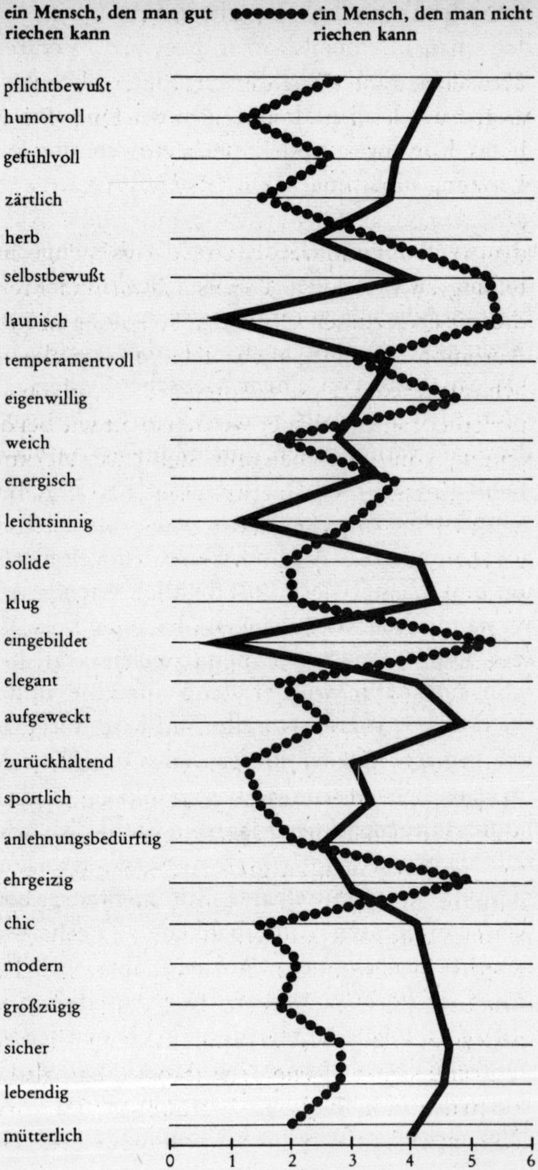

ein Mensch, den man gut riechen kann
ein Mensch, den man nicht riechen kann
pflichtbewußt
humorvoll
gefühlvoll
zärtlich
herb
selbstbewußt
launisch
temperamentvoll
eigenwillig
weich
energisch
leichtsinnig
solide
klug
eingebildet
elegant
aufgeweckt
zurückhaltend
sportlich
anlehnungsbedürftig
ehrgeizig
chic
modern
großzügig
sicher
lebendig
mütterlich
0
1
2
3
4
5
6

Objekte werden beschrieben

Menschen haben einen ersten Eindruck nicht nur von anderen Menschen, von Reizen wie Duft, Stimme, verbale Charakteristik, sondern in gleicher Weise auch von Dingen, Beziehungs- und Bedeutungszusammenhängen. Dinge und Produkte „muten uns an", „beeindrucken" uns und werden so Gegenstand unserer Beurteilung an Hand von Eigenschaften und Merkmalen, die wir eben diesen Objekten, seien es nun Flugzeuge, Automobile oder auch Kleidungsstücke, Möbel, Schmucksachen usw. zusprechen, zuordnen (Attributionstheorie). Auch hier werden nicht wie bei der Beurteilung von Menschen nur sichtbare Merkmale und beobachtbare Verhaltensweisen beschrieben, das heißt wir reden über Völker, die wir praktisch noch nie gesehen haben, genau so unbekümmert, selbstverständlich, naiv wie über Produktqualitäten einer Ware, die wir letztlich objektiv, also chemisch, physikalisch oder auch technologisch eigentlich überhaupt nicht kennen können. Auf Grund von Minimalinformationen, die noch dazu dem eigenen Verständnishorizont zugänglich sein müssen, beurteilen wir auch Funktions- und Beziehungszusammenhänge aller Art. Man kann sich ja hier ebenfalls selbst testen: Wer bastelt sich nicht ohne allzu große Schwierigkeiten ein Bild darüber, wie ein Otto-Motor, ein Fernsehgerät, ein Staubsauger funktioniert; spätestens wenn die eigenen Kinder in bestimmten Altersgruppen die berühmten Fragen nach dem Warum und dem Wie stellen, ist man gezwungen, solche Zusammenhänge auf dem Hintergrund seiner eigenen Lernbiographie, also des vorhandenen Potentials an Meinungen, darzustellen. – Wer entwickelt – um noch ein weiteres Beispiel zu wählen – aus gegebenem Anlaß nicht auch Vorstellungen über wirtschaftliche und wirtschaftspolitische Zusammenhänge, die reich an objektivem Nichtwissen und naiv in der Verknüpfung sachlich nicht zusammengehöriger Sachverhalte sind, uns selbst, aber auch anderen als völlig vernünftig erscheinen. Auf der permanenten Suche, sich Zusammenhänge verständlich zu machen, greift man auf das Minimum vorhandener Information zurück, ohne die Frage der Gültigkeit überhaupt zu diskutieren. Zu Meisterleistungen auf diesem Gebiet bringen es dabei zweifellos moderne Ideologen in ihrer Auseinandersetzung mit marktwirtschaftlichen und wirtschaftspolitischen Problemstellungen. Für sie sind objektive Tatbestände, soweit sie überhaupt bemerkt werden, ein zu verdrängendes Ärgernis.

Aber betrachten wir auch im Bereich der Beurteilung von Objekten exemplarisch unser naives alltägliches Verhalten.

Beispiel I: Die Beurteilung von Unternehmungen

Es gibt keinen Arbeitnehmer, der nicht auch von seinem zukünftigen Arbeitgeber oder dem „Laden", in dem er beschäftigt ist, einen ganz bestimmten Eindruck hat. Am deutlichsten läßt sich das, was wir zentral darstellen wollen, an Außenstehenden, die nicht zu einer Organisation gehören, veranschaulichen. Will man sich bei einem bestimmten Arbeitgeber bewerben, so sind die vorhandenen Informationen trotz allem unsystematischen Nachfragen immer relativ stark beschränkt. Eine persönliche Entscheidung hat aber eine persönlich als ausreichend erscheinende Beurteilung des Unternehmens zur Voraussetzung. Die sogenannte objektive

Realität eines Unternehmens hat kaum Einfluß. Wen interessieren beispielsweise Definitionen (vgl. Grochla 1959) wie: (1) Unternehmungen sind unter betriebswirtschaftlichem Aspekt durch Kapitaleinsatz selbständige Erzeugungsbetriebe, die das mit der oekonomischen Arbeitsteilung verbundene Marktrisiko freiwillig übernehmen; (2) Unternehmungen sind unter juristischen Aspekten definierbar als mit einem konkreten Namen verbundene rechtliche Gestaltung unternehmerischer Tätigkeit; (3) Unternehmungen sind unter produktionsspezifischem Aspekt definiert als Hersteller eines bestimmten Produktionsprogrammes bzw. auch des Angebotes von spezifischen Dienstleistungen. – Nicht solche objektiven Definitionsmerkmale bestimmen die auch für eigenes Verhalten ausschlaggebenden Eindrucksurteile, sondern letztlich Vorstellungsbilder, Images und damit liebgewonnene Vorurteile. Ohne auf spezielle Untersuchungsdaten einzugehen, sind im folgenden lediglich die grundsätzlichen Beurteilungsperspektiven (Dimensionen) von potentiellen Arbeitnehmern über einen modernen Großbetrieb aufgeführt. Es handelt sich dabei um Meßgrößen, auf denen das konkrete Unternehmen in eher positiver oder aber auch eher negativer Hinsicht positioniert werden kann.

Bei einer allgemeinen Umfrage in der Öffentlichkeit ergaben sich dabei folgende Dimensionen, nach denen geurteilt wird:

- Positive wirtschaftliche Potenz
- Produktqualität
- Technizität
- Krisenanfälligkeit
- Management

– Gesellschaftliche Bedrohung
– Individuelle Bedrohung

Facharbeiter – das konnte Six (1974) an unserem Material nachweisen – betrachten einen idealen Betrieb unter folgenden Aspekten:

– Arbeitszufriedenheit
– Sozialleistungen der Organisation
– Arbeitsplatzbedingungen
– Informationsverhalten
– Organisationsklima
– Vorstellungen zum Berufs- und Tätigkeitsfeld

Schon diese wenigen Angaben machen deutlich, was in Verbindung mit aller Einstellungs- und Vorurteilsforschung immer wieder als grundsätzlicher Befund festgehalten werden muß: Spezifische, das heißt durch bestimmte Merkmale, besonders deren unterschiedlichen Ausprägungsgrad, charakterisierbare Gruppen entwickeln gegenüber ein und demselben Meinungsgegenstand verschiedenartige Vorurteile. Unter der Voraussetzung, daß eine bestimmte Firma überhaupt bekannt ist, also Interesse erweckt, werden ohne ausreichende oder gar systematische Information Eindrücke über sie formuliert. Erneut ist hier zu betonen, daß dieses alltägliche und selbstverständlich naive Verhalten unsere eigentliche Lebenswirklichkeit darstellt und ganz maßgeblich zum Beispiel Prozesse der Berufs- wie aber auch der Positionsfindung mit beeinflußt.

Beispiel II: Die Mitbestimmung

Die politische Aktualität dieses Themas ist unbestritten. Das, was paritätische Mitbestimmung genannt wird und in Gesetzentwürfen seinen Niederschlag gefunden hat, ist – auch im Eingeständnis der Gewerkschaften – noch nicht Erlebniswirklichkeit, auch nicht aktuelles Wunschbild der Arbeitnehmer. Daher die berechtigte Frage: Wie sehen in diesem Bereich die Vorstellungen aus, welche Eindrücke haben sich verfestigt, was sind die unser Verhalten mitbestimmenden „Abbildungen“ eines definierten Gesetzesvorhabens? Aus einer Untersuchung bei Arbeitnehmern greifen wir einige der wesentlichen Befunde heraus und versuchen, diese dann durch wörtliche Äußerungen zu veranschaulichen:

Spontanvorstellungen, die sich mit dem Reiz Mitbestimmung verbinden

Gesamtbefund: Der Begriff Mitbestimmung ist generell bekannt, er besitzt im politischen und betrieblichen Bereich Aktualität. Mitbestimmung im Betrieb wird eindeutig als eine gewerkschaftliche Forderung angesehen:

„Da denke ich an die Mitbestimmung der Arbeitnehmer in ihrem Betrieb, an die betriebliche Sphäre, ans Geschäft, daß ich auch ein Wort mitreden könnte im Betrieb . . .“

„Da fällt mir als erstes die Bonner Politik ein, Mitbestimmung im Parlament, Koalitionsregierung . . .“

„. . . ist jetzt eine große Sache, von der Gewerkschaft aus, da fällt mir dann die Gewerkschaft ein, die das ja in die Hand genommen hat . . .“

„. . . verbinde ich mit Betriebsrat, im Betriebsrat können wir ja mitbestimmen . . .“

Diese allgemein vorhandene Information sagt aber noch lange nichts aus über persönliche Vorstellungen und Informationen, die den Ist-Wert und den möglicherweise wünschenswerten Soll-Wert betreffen.

Erklärungen des Begriffs Mitbestimmung

Wesentlich ist zunächst, daß die Untersuchungsstichprobe den Begriff der Mitbestimmung recht einheitlich erklärt und umschreibt.

„. . . Mitspracherecht, daß da nicht ein, zwei Leute die Sachen entscheiden, sondern daß auch der kleine Mann mitreden kann, daß nicht alles von oben diktiert wird, daß man auch seine Meinung sagen kann; das ist eine Abtretung von Machtbefugnissen einer Autorität an andere, die sonst nicht gefragt wurden . . ."

„. . .Mitbestimmung im Betrieb heißt, daß man Vorschläge anbringen kann, wie man eine Arbeit erleichtern kann, daß einem die Möglichkeit gegeben ist, bei Rationalisierungsmaßnahmen am Arbeitsplatz mitzumischen . . ."

„. . .daß man auch gefragt wird in sozialen Belangen, daß bei Sozialaufgaben die Wünsche der Belegschaft berücksichtigt werden . . ."

„. . . daß der richtige Mann am richtigen Platz eingestellt wird, daß nicht einfach über die Köpfe der Arbeiter weg Entlassungen rausgehen . . ."

„. . . daß man auch bei Gehaltsfragen ein Wörtle mitzureden hat . . ."

Die Auswertung aller Einzeldaten erbringt folgenden Gesamtbefund:

Allgemein wird unter Mitbestimmung ein Mitspracherecht abhängiger Personen verstanden, das diktatorische Entscheidungen eines einzelnen (Autorität durch Position) verhindert, ohne dadurch ein gleichberechtigtes Verhältnis herzustellen, das heißt, die Autorität bleibt der ausschlaggebende bestimmende, der abhängige der mitbestimmende Teil.

Mitbestimmung im Betrieb ist gleichbedeutend mit einem Mitspracherecht in Form persönlicher Vorschläge oder von Interventionen über die Einrichtung des Betriebsrates. Dieses Mitspracherecht wird erlebnismäßig und freiwillig eingeschränkt auf Bereiche, die den Arbeitnehmer unmittelbar betreffen, wie Lohnforderungen, Gestaltung des Arbeitsplatzes, Gestaltung des Arbeitsablaufes, sonstige soziale und personelle Fragen. Es geht hier also um die Vertretung wirklich persönlicher Ansprüche.

Mitbestimmung im Sinne des gewerkschaftlichen Konzeptes der paritätischen Mitbestimmung ist praktisch – mit wenigen Ausnahmen – objektiv nicht bekannt. Die untersuchten Personen sind fast alle der Meinung, die Gewerkschaften strebten mit ihrer Forderung entweder einen funktionsfähigeren Betriebsrat oder auch ein direktes persönliches Mitspracherecht des einzelnen an. Fragen der mitbestimmten Unternehmensführung stehen nicht zur Diskussion. Der Arbeiter erlebt dies außerhalb seiner fachlichen Möglichkeiten und Kompetenzen:

„. . .in ausgesprochene Direktionsaufgaben will man ja auch gar nicht hineinreden, davon weiß man als einfacher Arbeiter zu wenig; was und wieviel und welcher Typ produziert wird, kann ich natürlich nicht entscheiden, das ist Sache der Abteilungsleitung, die hat einen besseren Überblick über den Markt, dafür weiß ich ja auch besser über meine Arbeit Bescheid . . ."

„. . . wir wollen ja nicht alles auf den Kopf stellen, der Chef bleibt schließlich Chef, aber vom grünen Tisch aus weiß er halt nicht soviel vom Handwerk wie wir selbst . . ."

Insgesamt ergibt sich also, daß die Forderung der Gewerkschaft nach Mitbestimmung generell zwar bekannt ist, daß sie jedoch nicht als paritätische Mitbestimmung im Sinne gewerkschaftlicher Forderungen, sondern als persönliches Mitspracherecht des einzelnen Arbeitnehmers über einen funktionsfähigeren Betriebsrat in persönlich tangierenden Bereichen verstanden und generell befürwortet wird. Auch die angeführten Beispiele der Alltagsbeurteilung von Unternehmungen und Institutionen sind Belege selbstverständlichen, alltäglichen Verhaltens. Sie wurden gewählt, weil gerade auch an ihnen die Diskrepanzen zwischen der sozialen Erlebniswirklichkeit und der politischen Realität deutlich gemacht werden können und damit gleichzeitig die Quellen von Mißverständnissen, Sozialkonflikten und mangelnder Identifikation mit dem Staatswesen.

Die Aufgabenstellung, die der kurz referierten Untersuchung zugrunde lag, bestand zunächst einmal darin, jene psychologischen Bezugssysteme aufzuzeigen und transparent zu machen, nach denen sich der arbeitende Mensch orientiert und verhält. Wenn wir unsere Gesellschaft vermenschlichen wollen – was nicht bestritten, verdrängt oder auch gar als Kompensation autoritärer Grundtendenzen angesehen werden sollte –, dann müssen wir auch beim Menschen und seinen Wünschen und Bedürfnissen beginnen. Tut man dies – und wir haben dies in einigen Ansätzen versucht –, dann muß die Isolierung einer Thematik rückgängig gemacht werden. Das heißt menschliches Verhalten muß in umfassende Orientierungs- und Steuerungssysteme eingeordnet werden. Hier bedeutet das, den vorhandenen Bedarf an Mitbestimmung in Verbindung zu bringen mit den damit verbundenen Vorstellungen des persönlich Bedeutsamen. Mitbestimmung ist nicht als utopische Ideologie erlebniswirksam, sondern ein Teil des Wunsches nach persönlicher Sicherheit und Bestätigung. Es geht dem arbeitenden Menschen nicht um die Substitution der Autorität Unternehmen durch die Autorität Funktionär, es geht ihm vielmehr zentral um die Entwicklung von funktions- und entscheidungsfähigen personalen Einheiten. Was wir benötigen, ist eine Realisierung und Aktualisierung der juristisch bereits gegebenen Möglichkeiten: Das ist lehrbar und erlernbar, so zum Beispiel an Modellen, die Entscheidungshilfen geben und die – das ist besonders wichtig – Effizienz gewährleisten. Beide Sozialpartner müssen in der konkreten Diskussion weiter zur empirischen Realität zurückgehen. Das Nein verhindert weder den Anspruch noch ist es selbst ein Gegenvorschlag – ein Angebot. Dies gilt für die Arbeitgeberseite. Die große Chance der gewerkschaftlichen Seite besteht in der Anpassung, in der Integration eines gleichsam institutionalisierten Anspruchs an persönliche psychologische Bedürfnisse und Wünsche. Es geht nicht um die Bestimmung der Mitbestimmung durch Bestimmende, sondern es geht um die dialogische Entwicklung eines Kooperationssystems, das den Bereich der Entscheidungen und Verantwortungen, der Rechte und Pflichten des einzelnen erweitert. Das aber muß gelehrt und gelernt werden.

Wie sich Eindrücke verschieben

Wenn naives Verhalten bei Prozessen der Eindrucksbildung nicht gleichbedeutend ist mit richtigen, also objektiv zutreffenden Beurteilungen, dann muß dies an Urteilsveränderungen aufweisbar sein, die dadurch auftreten, daß man ein und dieselbe Person mit Reizsituationen konfrontiert, deren spezifische äußere Details jeweils verändert werden. Beispielhaft sei dies an Hand ausgewählter Untersuchungsergebnisse dargestellt:

Eindrucksurteil und Brille

Die häufige Brillenaversion von Frauen ist eine hinlänglich bekannte Tatsache. Obwohl Frauen im Durchschnitt nicht besser sehen als Männer, tragen sie weniger Brillen als Männer. Die Vermutung liegt nahe, daß psychologische Gründe dafür verantwortlich sind. Strobel (1956) hat sich die Frage vorgelegt: Welchen Einfluß hat das Tragen einer Brille auf den Eindruck, den der Betrachter von dieser Person bekommt? Es wurden verschiedene Serien von Porträtaufnahmen ein und derselben Person gemacht, einmal ohne und einmal mit Brille. (Variationen verschiedener Brillenformen wurden auch untersucht, auf die hier vom Ergebnis aus aber nicht eingegangen werden soll.) Entscheidend ist der auch bei „lebenden Modellpersonen" (vgl. Thornton 1943; Argyle und McHenry 1971) erhärtete zentrale Befund, daß der erste Eindruck von ein und derselben Person völlig unterschiedlich ausfällt, je nachdem, ob die Person eine Brille trägt. Vor allem bei Frauen als Modellpersonen lassen sich dabei markante Eindrucks- und damit Urteilsverschiebungen nachweisen. Zusammengefaßt ergeben sich für Brillentragende im Vergleich zu Nicht-Brillentragenden Frauen nach Strobel folgende qualitativen Eindrucksverschiebungen:

Die Brille fördert positive Eindrücke in Richtung einer Zunahme von:	Die Brille fördert negative Eindrücke in Richtung einer unerwünschter Abnahme von:
Intelligenz	Charme
Sachlichkeit, Objektivität	Phantasie, Originalität
Lebensernst	Enthusiasmus
Fleiß, Geduld	Intuition, feeling
Gefühl für Ordnung und Genauigkeit	Vitalität, Schwung
Gleichmäßigkeit	Beweglichkeit, Expansivität
Gefühl für Kontrolle, kritische Schärfe	Euphorie, Humor Spontaneität
Gesellschaftliche Ambition	Offenherzigkeit, Freundlichkeit
Solidität	Gewandtheit
Zähigkeit	Lebhaftigkeit
Stabilität	Jugendlichkeit, Weiblichkeit
Ruhe	Sexualität
Selbstbeherrschung, Reserviertheit	
Vorsicht	flottes Benehmen
administrative und pädagogische Veranlagung	künstlerische und kommerzielle Veranlagung

Sehr grob vereinfacht ließe sich formulieren: Mit dem Tragen einer Brille verliert die Frau im Eindrucksurteil Vitalität und Temperament und gewinnt Intelligenz und Selbstkontrolle. Im naiven Verhalten erfolgt durch Veränderung eines äußeren Zusatzes eine Veränderung der Charakterbeurteilung. Die zentrale Wirksamkeit von Schlüsselreizen wird damit sichtbar. Eine an sich geringe, aber erlebnismäßig zentrale Information ist ausreichend, um das Gesamturteil umzubilden. Dieselbe Frau, einmal mit und einmal ohne Brille, wird bei objektiver Identität psychologisch nicht als dieselbe Frau erlebt. Auch Frauen wissen um diese Urteilsverschiebungen und erinnern sich daran, wenn die objektive Sehschärfe nachläßt und eigentlich die Anschaffung einer Brille angeraten wäre.

Hier nur ein kurzer Hinweis auf differenziertere Befunde, die später noch stärker einbezogen werden; die nachweislich auftretenden Eindrucksverschiebungen sind nämlich nicht bei allen Menschen gleich. Es treten Unterschiede zwischen den Geschlechtern und verschiedenen Altersgruppen auf. Vorurteile, so soll zunächst vorläufig definiert werden, sind demnach in ihrer spezifischen Ausformulierung immer nur für spezifische Gruppen von Menschen im weitesten Sinne gültig. Ein Zusammenhang zwischen Persönlichkeitsmerkmalen und der Qualität von Eindrücken und Vorurteilen deutet sich an.

Eindrucksurteil und Frisur

Ähnlich wie die Brille wirkt die Frisur bei Beurteilung anderer Personen. Bei sonst identischen Schlüsselreizen ergeben sich auf der Basis unterschiedlicher Frisurentypen jeweils gravierende Eindrucksverschiebungen. Nimmt man nun einmal die Ergebnisse (vgl. Tab. 2), wie sie in Verbindung mit dem Bildmaterial der Abb. 7 bei einer Repräsentativumfrage angefallen sind, dann ergibt sich auch daraus wieder, daß mit einem Frisurtyp – nur diese bildhafte Information liegt der Eindrucksbildung zugrunde – Charaktereigenschaften in

Abb. 7

Tabelle 2

Charakteristische Eigenschaften von Frisuren	Bezeichnung der Frisuren Angaben in v. H. (n = 2579[2])						
	GE	EN	LJ	WV	NK	KL	k.A.
Vornehm, elegant	69	17	3	4	5	3	5
Erfahren, besonnen	53	16	8	11	5	3	7
Selbstbewußt, selbstsicher	47	16	10	11	10	3	7
Nüchtern, streng	42	14	13	27	2	3	5
Solide, anständig	34	30	10	18	6	3	4
Hausfraulich	32	24	12	23	6	4	5
Zurückhaltend, dezent	31	38	8	14	4	3	6
Energisch	30	8	22	21	10	4	8
Gefühlvoll, warmherzig	20	38	6	10	14	12	6
Natürlich	17	26	14	21	14	9	5
Liebevoll, zärtlich	12	28	5	8	20	26	6
Temperamentvoll	8	5	15	6	36	31	4
Langweilig	8	20	15	31	7	17	6
Fröhlich, heiter	6	11	13	9	33	29	5
Leichtlebig, leichtsinnig	4	3	9	4	26	52	7
Sportlich	4	5	48	34	7	4	4

Verbindung gebracht werden, die in keiner Weise in den Frisuren als Information angelegt sind. Selbsterfahrungen, wie die Auseinandersetzung mit vorgegebenen Leitbildern, leisten einen sicher nicht unbedeutenden Beitrag zur Ausbildung solcher Vorurteile, die letztlich zu der Schlußfolgerung veranlassen: Mit der grundlegenden Veränderung der Frisur – vor allem bei Frauen – ändert sich im naiven alltäglichen Verhalten und Beurteilen auch der Charakter.

Die Frage der Richtigkeit solcher Urteile stellt man sich im alltäglichen Leben nicht. Man hält sich damit erst gar nicht auf und folgt den vereinfachenden Mechanismen naiver Eindrucksbildung: minimale Information genügt, um zu einem mindestens für die eigenen Bezugsgruppe sinnvollen und plausiblen, dabei aber ganzheitlichen Urteil zu gelangen. Wie gültig dies für den einzelnen ist, wird deutlich aus der Distanz von Selbsteinschätzung und Persönlichkeitsprofil, das mit unterschiedlichen Frisurtypen verbunden wird (vgl. Abb. 8 und 9).

Die persönliche Zuneigung zu der mit NK charakterisierten Frisur ist demnach unverkennbar; von der Frisur WV kann dies nicht gesagt werden. Nicht nur Brille und Frisur sind Schlüsselreize, die Eindrücke verschieben. Erinnert sei hier an den Einfluß modischer Gegebenheiten (vgl. Bergler 1965; Hamid 1969; 1972), unterschiedlicher Stile kosmetischen Verhaltens, aber auch die mit unterschiedlichen Körperbaustypen immer automatisch in Verbindung gebrachten Charaktereigenschaften; ein Sonderproblem sind die immer noch lebendigen Auswirkungen der Thesen der Physiognomiker. Man muß nur an die mit einer hohen Stirn bei

Neugeborenen prophetisch und naiv in Verbindung gebrachte zukünftige intellektuelle Fähigkeit denken.

Einen weiteren Schlüsselreiz für die naive Eindrucksbildung mit nicht unerheblichen praktischen Auswirkungen stellen die verschiedenen Formen der Körperbehinderung dar (vgl. u. a. Richardson, Goodmann, Hastorf, Dornbusch 1968). Die sichtbaren Mängel werden, wie Jansen (1970) zeigen konnte, unmittelbar mit einem Persönlichkeitsbild in Verbindung gebracht, das seinen Ausgang von einem „unangenehmen" äußeren Erscheinungsbild nimmt und dann zu dem Urteil „gesellschaftliche Isolation, Störung im Persönlichkeitsbereich, starke Kompensationsmechanismen, Leiden" führt (vgl. u. a. von Bracken 1967; Kaufmann 1966, 1968, 1970). Die Beispiele aus den unterschiedlichsten Verhaltensbereichen dürften ohne Schwierigkeiten auch für das eigene naive Alltagsverhalten, wenn auch mit gewissen Modifikationen nachvollziehbar sein. Voraussetzung dafür ist nur, daß man nicht einen Abwehrmechanismus in Gang setzt, der dann ausgelöst wird, wenn man sich selbst von anderen bei Vorurteilen ertappt fühlt.

Da die Frage nach der Richtigkeit unserer Eindrucksurteile immer wieder gestellt wird obwohl sie weitgehend mit einem Nein beantwortet werden müßte, sollen noch einige Hinweise auf die hierzu geführte wissenschaftliche Diskussion erfolgen. Diese konzentriert sich auf den letztlich äußerst komplexen Bereich der mitmenschlichen Beurteilungsfähigkeit und Beurteilungsgenauigkeit überhaupt. (In der psychologischen Fachsprache spricht man von der Veridikalität der Personen-Wahrnehmung.) Als Ausgangsin-

Abb. 8

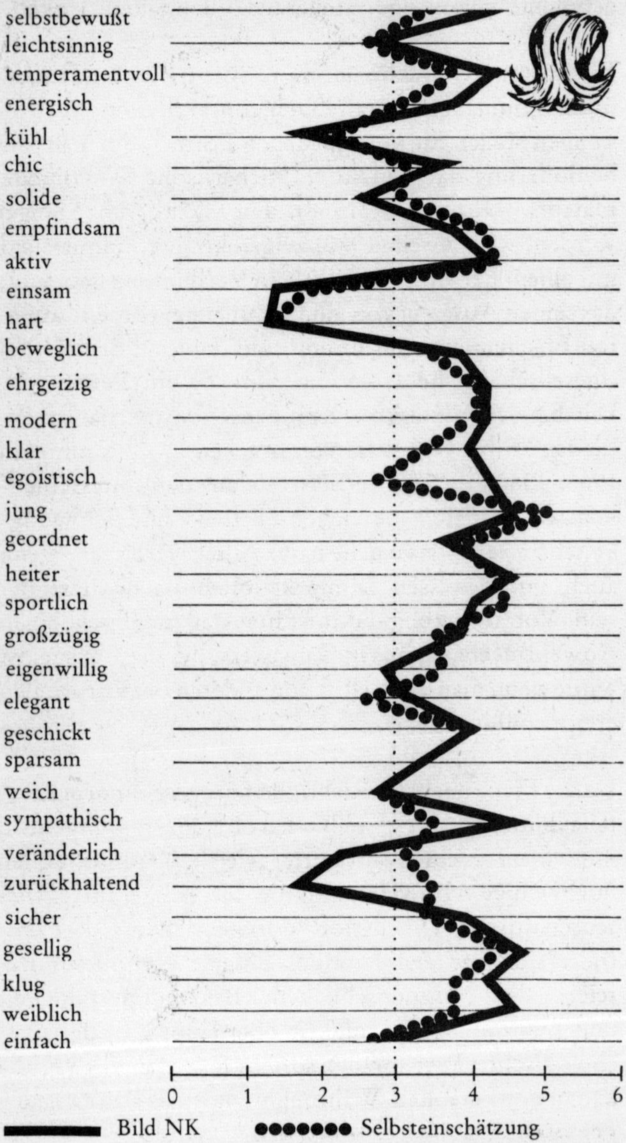
selbstbewußt
leichtsinnig
temperamentvoll
energisch
kühl
chic
solide
empfindsam
aktiv
einsam
hart
beweglich
ehrgeizig
modern
klar
egoistisch
jung
geordnet
heiter
sportlich
großzügig
eigenwillig
elegant
geschickt
sparsam
weich
sympathisch
veränderlich
zurückhaltend
sicher
gesellig
klug
weiblich
einfach
0
1
2
3
4
5
6
Bild NK
Selbsteinschätzung

Abb. 9

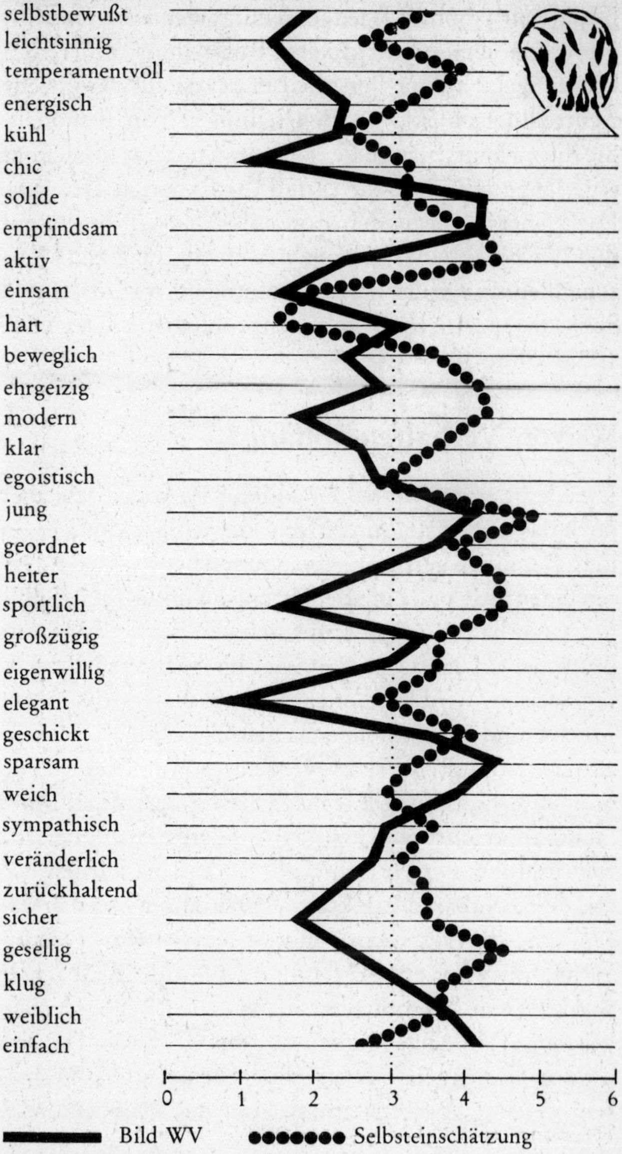
selbstbewußt
leichtsinnig
temperamentvoll
energisch
kühl
chic
solide
empfindsam
aktiv
einsam
hart
beweglich
ehrgeizig
modern
klar
egoistisch
jung
geordnet
heiter
sportlich
großzügig
eigenwillig
elegant
geschickt
sparsam
weich
sympathisch
veränderlich
zurückhaltend
sicher
gesellig
klug
weiblich
einfach
0
1
2
3
4
5
6
Bild WV
Selbsteinschätzung

formationen zur Beantwortung der anstehenden Fragen werden immer wieder benutzt der Übereinstimmungsgrad einer individuellen Beurteilung mit (1) Beurteilungen anderer Personen in bezug auf das gleiche Beurteilungsobjekt, (2) Beurteilungen von Personen, die die zu beurteilende Person schon biographisch über eine längere Zeit kennen, und (3) Experten Urteilen. Die bisher vorliegenden Ergebnisse sind in bezug auf den Nachweis einer allgemeinen Befähigung zur Menschenkenntnis nicht gerade ermutigend (vgl. dazu und auch die spezifische Methodenproblematik Cronbach 1955; Cline 1964; Irle 1975).

Wovon Verhalten abhängt

Urteile über das Verhalten anderer Personen wie aber auch das eigene sind im naiven Verständnis immer von dem Bemühen getragen, eben diesen beobachteten Daten einen Sinn und eine Bedeutung zu unterlegen. Sinnloses Verhalten scheint uns schwer vorstellbar. Aus punktuellen, häufig nur einmal beobachteten Verhaltensweisen wird auf nichtbeobachtbare Absichten, Motive und Persönlichkeitseigenschaften geschlossen. Einer bestimmten Frisur werden – um im Beispiel zu bleiben – bestimmte Eigenschaften zugeordnet: Alles Sichtbare erfährt gleichsam eine innere psychologische Begründung. Die Ursachen des Verhaltens werden also aus den sichtbaren Effekten von Handlungen zu erklären versucht (vgl. dazu Jones & Davis 1965). Der Informationswert einer Handlung für den Beobachter wird in dem angeführten theoretischen Bezugssystem gesehen (1) in Abhängigkeit von der Größe der Distanz zu normiertem, also sozial wünschenswertem Verhalten, (2) im Überschneidungsgrad des beobachtbaren

Verhaltens mit Zielen und Werthaltungen des Beobachters und (3) in der Annahme der Bedeutung der Anwesenheit des Beobachters für das gezeigte Verhalten der beobachteten Person. Fühlt man sich in einer solchen Situation persönlich betroffen, dann führt dies auch zu einer prägnanteren Eindrucksbeurteilung des Partners. Mit diesem Aspekt wird der Grad des persönlichen Betroffenseins von mitmenschlichem Verhalten – unabhängig von der tatsächlichen Motivation des Beobachteten – für die qualitative Ausformulierung des eigenen Eindrucksurteiles wesentlich. Ohne auf diese Sachverhalte in vorstehendem Zusammenhang näher eingehen zu können (vgl. auch Hastorf, Schneider & Poleffka 1970), ist es doch wesentlich, jene Position zu kennen, die von der Annahme einer universellen Attribuierungstendenz in bezug auf beobachtbares Verhalten in allen „naiv" ablaufenden mitmenschlichen Beurteilungsprozessen ausgeht. Die Diskussion solcher Sachverhalte erscheint uns immer wieder deshalb so notwendig zu sein, weil die Unreflektiertheit und Selbstverständlichkeit der fortwährend ablaufenden Beurteilungs- und Vorurteilsprozesse sie weitgehend unbemerkt läßt. „Die Beurteilung und Einschätzung anderer ist bei allen Menschen ein derartig stetig fortschreitender Prozeß, daß er gelegentlich fast automatisch vor sich geht, gewöhnlich auf nichtverbaler und manchmal auf nahezu unbewußter Ebene abläuft." (Cline 1964, Seite 221).

Heider (1944) geht in seiner „naiven" Psychologie, wie er sie selbst nennt, von drei Annahmen aus: (1) Man kann soziales Verhalten von Menschen nur verstehen, wenn man weiß, wie diese Menschen ihre soziale Welt selbst wahrnehmen. (2) Menschen sind bestrebt, Voraussagen über die Entwicklung ihrer Umwelt zu machen und möchten ihre Umwelt auch kontrollieren. (3) Es gibt keine grundsätzlichen Unterschiede zwischen der Wahrnehmung von Objekten und der Wahrnehmung von Personen. Die Schwierigkeiten der Voraussage bestehen dabei u. a. darin, daß ein bestimmtes konkretes Verhalten immer nur nach Gesetzen der Wahrscheinlichkeit auf ein bestimmtes Persönlichkeitsmerkmal bezogen ist. – Die Voraussage von Verhalten hat nun aber auch noch Annahmen zur funktionalen Verknüpfung von Ereignissen zur Voraussetzung. Es ist z. B. ohne großes Risiko vorauszusagen, daß nach dem Blitz der Donner kommt. Der Mensch lernt also schon in frühen Jahren das Beziehungssystem von Ursache und Wirkung. Daher gelangt dann auch Heider zu der weiteren zentralen Annahme, daß (4) der Mensch alles Verhalten als kausalen Vorgang wahrnimmt. Verhalten ist also verursacht, wobei dann nur nach externen und internen Ursachen zu unterscheiden ist. Wir erleben uns auch selbst als Verursacher, was zu der Vorstellung führt, eigenes Verhalten zu bestimmen und zu kontrollieren. Dieses Erlebnis wird auf das Verhalten anderer übertragen, das heißt eigene Erlebniszusammenhänge in ihrer subjektiven Ursache-Wirkung-Verknüpfung werden verallgemeinert, also anderen „attribuiert". Wir sind also auf der ständigen Suche nach Ursachen, damit wir dann von diesen aus Verhalten voraussagen, somit aber auch Menschen kontrollieren können. Die Suche nach Wurzeln des Verhaltens wird ohne Überlegung auf andere übertragen, generalisiert. Nur am Rande sei erwähnt, daß der Aufweis von Ursachen gleichbedeutend ist mit einem Prozeß der Zuordnung von Fähigkeiten, „Können", Sich-Bemühen, aber auch von Schuld.

Man kann diese Zusammenhänge, wie das Meyer & Butzkamm (1974) getan haben, am Beispiel der Ursachenerklärung von Rechennoten durch Lehrer veranschaulichen. Berücksichtigt man die von den Lehrern angenommenen und möglichen Ursachefaktoren von Erfolg und Mißerfolg bei schulischen Leistungen (vgl. dazu auch Heider 1958; Rotter et al. 1962; Heckhausen 1974 u. a.), dann handelt es sich im wesentlichen um folgende: (1) Begabungsfaktoren: allgemeine und spezielle Fähigkeiten; (2) Anstrengung als stabiler und variabler Faktor; (3) sonstige Persönlichkeitsfaktoren wie z. B. Nervosität, Ängstlichkeit; (4) Faktoren des außerschulischen Milieus wie z. B. Ansporn durch Eltern, Mithilfe bei Hausaufgaben, Leistungsanregung durch Geschwister; soziale Lage der Eltern. Für unser Problemverständnis ist nur wesentlich, daß auch Lehrer monokausale Zusammenhänge „naiv" herstellen und, daß dabei auch noch das unbewußte Funktionieren von Einstellungen (Vorurteilen) sichtbar wird, die darauf angelegt sind, den Lehrer als möglichen Verursacher auszuschließen. Als wesentliches Ergebnis ist nämlich anzuführen, daß die untersuchten Lehrer die Qualität der Rechenleistungen von Schülern in hohem Maße mit Persönlichkeitsfaktoren wie Begabung und Anstrengung auf seiten der Schüler begründeten; werden externe Aspekte herangezogen, dann handelt es sich dabei fast ausschließlich um Faktoren des außerschulischen Milieus. Bei Meyer & Butzkamm (1974, Seite 12) heißt es dann weiter: „Bemerkenswert ist, daß externale Faktoren der Schule so gut wie gar nicht genannt werden, mit Ausnahme von Besonderheiten der Schullaufbahn wie Schulwechsel oder Sitzenbleiben . . . Unterrichtsbedingungen, Lehrerverhalten, Stoffpläne etc. werden hier zur Erklärung guter oder schlechter Schulleistungen nicht herangezogen." Diese Problemsicht dürfte sich ohne Schwierigkeiten auf den ganzen Bereich von „Führenden" und „Geführten" in Gruppen und Institutionen übertragen lassen.

Ein Beobachter – darauf weisen auch andere Ergebnisse hin (vgl. Jones et al. 1968; Jones & Nisbett 1971) – gelangt also bei seiner naiven Suche nach Ursachen zentral zu den Persönlichkeitsfaktoren des Handelnden, dieser wiederum ist aber eher geneigt, für seine Arbeitsergebnisse und Verhaltensweisen Situationsgegebenheiten verantwortlich zu machen. Die Unvereinbarkeit der Ergebnisse der Selbst- und Fremdbeurteilung in bezug auf Verhaltensursachen dürfte es nicht schwer machen, die Alternative objektives oder psychologisches Verhalten auf der Basis von Vorurteilen zu entscheiden.

Die psychologische Realität: Erklärung von Verhalten aus Ursachen dürfte als alltäglich praktiziertes naives Verhalten unbestritten sein. Man kann sich täglich selbst dabei ertappen, das heißt die Kausalrelation ist in allen Ideologien, in allen Formen des „naiven Weltverständnisses" und der „naiven Weltbewältigung" das bevorzugt gebrauchte Erklärungsprinzip für beobachtetes Verhalten in seinen Wirk- und Begründungszusammenhängen. Menschliches Verhalten und Reagieren, also alle Prozesse sozialer Interaktion, sind aber stets solche der Wechselwirkung. Da diese hochkomplexen Wirkzusammenhänge wiederum nicht überschaubar sind, entstehen Leer-Räume des Nichtwissens, die durch den vereinfachten Mechanismus der simplen Herbeiführung eines Ursache-Wirkungszusammenhanges bewältigt werden. Unser Beurteilen und Bewerten von Verhaltensweisen auch anderer

Menschen ist immer auch der naive Versuch des Erklärens und Begründens im Sinne von Ursache und Wirkung. Der Glaube an das Vorurteil über das Funktionieren eines solchen Mechanismus im Raume sozialen Verhaltens, führt zu seiner ständigen Anwendung im naiven Verhalten. Menschliches Handeln erscheint dadurch immer relativ monokausal begründet und motiviert. Damit ist es aber erklärbar, wird erklärt und Unsicherheit beseitigt: Mit solchen Vorurteilen lebt es sich leichter als mit dem Sisyphusprojekt der Wechselwirkung. Wir lieben auch dieses Vorurteil, weil es uns die Umwelt scheinbar verständlich macht und wir durch scheinbar korrekte Anwendung naturwissenschaftlichen Denkens zur scheinbaren Voraussagbarkeit menschlichen Verhaltens kommen.

Wie Eindrücke von Umwelt und eigener Persönlichkeit abhängen

In Verbindung mit der Darstellung des naiven Beurteilerverhaltens gegenüber Brillenträgern, aber auch an anderer Stelle, war bereits darauf hingewiesen worden, daß die von uns gebrauchten Vorurteile Gültigkeit immer nur für bestimmte definierbare Gruppen – bei der Brille waren dies zunächst Alters- und Geschlechtergruppen – haben, das heißt zum Beispiel: Das Eindrucksurteil über brillentragende Frauen kann bei unterschiedlichen Beurteilergruppen unterschiedlich ausfallen. Trotzdem handelt es sich weiterhin bei den verschiedenen Gruppen um Vorurteile, denn in keinem einzigen Fall beschränkt man sich in seinen Äußerungen auf die vorhandenen Reize (Frau mit Brille / Frau ohne Brille), sondern nimmt eine informationsmäßig nicht abgesicherte weiterführende Interpretation vor.

Unsere naive Eindrucksbeurteilung, verstanden als der selbstverständliche Gebrauch von Vorurteilen, ist ein Prozeß der vernünftig erscheinenden Bewältigung unserer Umwelt. Wie aber eine solche, als Urteil vorgebrachte Meinung zustande kommt, systematisiert Taft (1961) folgendermaßen, wenn er die mitmenschliche Beurteilung – aber sicherlich nicht nur diese – in Abhängigkeit sieht von: (1) den Umständen, unter denen das Urteil gefällt wird, (2) der Art der dem Beurteiler zur Verfügung stehenden Information, (3) den Eigenschaften des Beurteilers; dazu zählen (3.1) seine Erfahrensbiographie, (3.2) seine Einstellungs- und Motivationssysteme, (3.3) seine Fähigkeitsstruktur, (3.4) die subjektiven Ähnlichkeitsrelationen zwischen dem Beurteiler und dem zu beurteilenden Objekt, (3.5) der Grad der emotionalen Bindung an das Beurteilungsobjekt, (4) der Eigenschaft der zu beurteilenden Objektperson, (5) der Art des angeforderten Urteils und (6) der Wechselwirkung zwischen den verschiedenen angeführten Meßgrößen (Variablen) (vgl. dazu Sherif & Carolyn Sherif 1969).

Der naive Beurteiler ist in der Bildung seiner Eindrücke vielen Einflüssen ausgesetzt. Diese Einflüsse sind vielfach untersucht worden. Im Folgenden muß jedoch eine Einschränkung im Sinne exemplarischer Verdeutlichung vorgenommen werden.

Wie das Selbstbild wirkt

Hier geht es um mögliche Zusammenhänge zwischen dem Ergebnis der naiven Selbstbeurteilung (unabhängige) und der naiven Fremdbeurteilung (abhängige Variable). Methodisch bedient man sich dabei häufig sogenannter Eindrucksdifferentiale (vgl. Bergler 1975a). Das heißt, man verwendet eine Liste von teilweise polar angeordneten Eigenschaften, die je nach persönlichem Ausprägungsgrad in Form einer mehrstufigen Skala angelegt sind. Thematisch steht dabei das sogenannte charakterologische Selbstbild im Vordergrund des Interesses.

Es konnte nun an anderer Stelle schon gezeigt werden, daß der Abstand vom Selbstbild zu dem mit der gleichen Methode gemessenen Eindrucksurteil über andere Personen, etwas über die Stellung der beiden zueinander aussagt. Griffith (1969) konnte zeigen, daß mit zunehmender Ähnlichkeit von Selbstbild und Fremdbild die dem beurteilten Menschen entgegengebrachte Sympathie ansteigt. Berücksichtigt man jetzt auch noch die Annäherung an das eigene Wunschbild, wie man gerne sein möchte, dann steigt bei gegebener Ähnlichkeit von Selbstbild und Fremdbild die Sympathiebewertung noch an. Ähnlichkeitserlebnisse können in solchen Untersuchungen sowohl experimentell herbeigeführt werden (vgl. Griffith 1969) wie aber auch spontan auftreten; dabei stellt sich dann die Frage nach den Auslösern von Ähnlichkeiten. Fird und Singer (1968) sehen solche in der subjektiven Wahrnehmung erster weniger als ähnlich empfundener Eigenschaften, was dann im Sinne eines Verallgemeinerungsprozesses zur vermeintlichen Entdeckung weiterer Ähnlichkeiten und damit zu einem mit dem eigenen Selbstbild mindestens sehr ähnlichem Eindrucksurteil in bezug auf die beurteilte Person führt. Erlebte persönliche Anfangsähnlichkeit bleibt also sicherlich nicht ohne Einfluß auf unseren naiven Prozeß der Eindrucksbeurteilung. Ein Ähnlichkeitserlebnis mit anderen führt zur Übertrag von angenommenen eigenen Merkmalen auf den eren und löst gleichzeitig Sympathie aus und stei- den Attraktivitätsgrad des ähnlichen Anderen. Selbst negative Eigenschaften, die man an sich selbst entdeckt, werden dem Menschen, dem man sich ähnlich fühlt, zugeschrieben (vgl. Secord, Backman & Eachus 1964).

Im Rahmen der Persönlichkeitstheorien des Selbstkonzeptes, vor allem aber auch im pädagogisch-psychotherapeutischen Bereich, hat man sich zunehmend mit der Bedeutung geringer oder großer Unterschiede zwischen dem Selbst- und dem Wunschbild beschäftigt. Hierin liegt ein weiterer Ausgangspunkt für Fragen nach dem möglichen Einfluß auf die Beurteilung unserer mitmenschlichen Umwelt. Personen, die einen großen Unterschied (Diskrepanz) zwischen Selbst- und Wunschbild zeigen, werden charakterisiert als Menschen mit geringer Selbstakzeptanz (fehlender positiver Selbstbejahung) (Bills, Vance, McLean 1951), verminderter Anpassungsfähigkeit (Butler & Haigh 1954), starker neurotischer Tendenz (Friedman 1955), großer Ängstlichkeit (Smith 1958), geringer Effektivität bei Erreichung von Gruppenzielen (Mussen & Porter 1959) sowie geringer Akzeptanz anderer Personen (McIntyre 1952). Gerade das zuletzt angeführte Ergebnis scheint uns für den Prozeß der Fremdbeurteilung und seine psychologischen Bedingungen nicht unwesentlich zu sein. Eine wesentliche Hypothese lautet: Personen mit niedriger Selbstakzeptanz beurteilen andere Personen weniger positiv als Personen mit hoher Selbstakzeptanz. Der Bedeutung unterschiedlicher Grade der Selbstbejahung sind wir in Verbindung mit marktpsychologischen Fragestellungen (vgl. Bergler

1972), aber auch der charakterologischen Beurteilung von Trägerinnen ganz bestimmter Frisurentypen nachgegangen. Dabei konnten Ergebnisse gewonnen werden, die spezifizierte Aussagen gegenüber den angeführten allgemeinen Hypothesen zulassen.

Es konnte gezeigt werden, daß Personen, die durch einen niedrigen Wert der Selbstakzeptanz charakterisierbar sind, ihnen unsympathische Frauentypen (unabhängig vom konkreten Frisurentyp) wesentlich ungünstiger beurteilen als Frauen mit hoher Selbstakzeptanz. Letztere sind also sehr viel eher in der Lage, ihnen unsympathische Personen auch noch sozial wünschenswerte Eigenschaften zuzuschreiben.

Wie die Rollenvorstellung wirkt

Schon in anderem Zusammenhang war dargestellt worden, daß wir mit ganz bestimmten Reizen auch ganz bestimmte Vorstellungen über Menschen verbinden, von denen solche Reize ausgehen. Der Mensch erwirbt im Laufe seiner Entwicklung ein Wissen um Berufsrollen, Positionsrollen und ist ja auch selbst gezwungen, in den verschiedensten Gruppen, denen er angehört, die Vater-, Vorarbeiter-Rolle usw. zu spielen. Unter Rolle verstehen wir die Gesamtheit von Verhaltenserwartungen, die an den Inhaber einer Rolle herangetragen werden. Diese Erwartungen in bezug auf eine Rolle sind verständlicherweise unterschiedlich, je nachdem ob ich selbst Rolleninhaber zum Beispiel als Facharbeiter bin oder aber, ob ich aus meiner Rolle als Manager den Facharbeiter beurteile. Ich beurteile also von meiner Rolle und von meinen Vorinformationen aus Reize, die mit einem bestimmten Rollenetikett versehen sind. Der geschilderte Sachverhalt liegt einem Experiment von Haire (1968) zugrunde, in dem ein und dasselbe photographische Bildmaterial einer Gruppe von Managern mit der Vorinformation, es handle sich dabei um Gewerkschaftssekretäre, einer anderen mit der Instruktion, es handle sich um den ,,örtlichen Manager einer kleinen Fabrik" vorgegeben wurde. Ganz entsprechend erfolgte das Vorgehen bei einer Gruppe von Arbeitern. Obwohl nun aber unter allen Versuchsbedingungen die gleichen Bildinformationen vorlagen, eine objektive psychologische Beurteilung also eigentlich zu den gleichen Ergebnissen bei allen hätte führen müssen, kommt es unter dem Einfluß der rollentypischen Vorinformation bei Beschreibung der abgebildeten Personen doch zu eindeutigen Unterschieden. So sieht jeder Inhaber einer bestimmten Rolle alle Inhaber eben dieser Rolle vergleichsweise als zuverlässiger, gewissenhafter, ehrlicher, verantwortungsbewußter und auch als befähigter an, Probleme auch von der anderen Seite aus zu betrachten. Jeder der beiden Seiten beschrieb außerdem seine eigene Rolle detaillierter. Die Beurteilung eines Menschen wird also nicht unwesentlich durch die funktionale Rolle beeinflußt, in der eben dieser Mensch auf der Basis bestimmter Vorinformationen wahrgenommen wird. Daß es sich in allen Fällen um eine zu schmale Informationsbasis handelt, um eigentlich so selbstverständliche Aussagen machen zu können, sei nochmals ausdrücklich erwähnt. Einen differenzierten und in der experimentellen Anordnung lebensnäheren Ansatz machte Franke (1967), als er an Hand von paarweise gebotenen filmischen Portraitaufnahmen, also mimischem Verhalten von ein und demselben Mann – einem Schornsteinfegermeister, der Rollen als Altmeister, als Berufsschullehrer und als Trainer einer

Hockey-Mannschaft praktiziert – das ,,typische" Verhalten dieses Mannes durch Angehörige der Gruppen auswählen läßt, in denen er die oben genannten Rollen spielt. Hierbei kommt es trotz des gleichen Reizmaterials zu unterschiedlichen Ergebnissen, was Franke veranlaßt, von einer ,,sozial-kulturellen Bedingtheit" der Eindrucksbeurteilung zu sprechen.

Der Einfluß von Vorinformationen auf unsere Beurteilungsprozesse ist nicht nur unter dem Aspekt von Berufsrollen untersucht worden: Beispielsweise hat man sich auch mit dem Einfluß einer Vorinformation über die generelle Glaubwürdigkeit der zu beurteilenden Person (Kaplan 1971 a), die Zuverlässigkeit der Informationsquelle (Kersey, O'Neal & Pledger 1971) und deren Einfluß auf die Sicherheit des Beurteilers sowie über den Einfluß unterschiedlicher Stile der Vorinformation wie zum Beispiel ,,unaufdringlich" (Crandall 1972) auf die Beurteilungsprozesse befaßt. Es muß jedoch auch angeführt werden, daß mit Zunahme der Vorinformationen ganz bestimmte naive (stereotype) Beurteilungseffekte unterblieben (Kaplan 1971 b).

Die hier nur sehr beschränkt wiedergegebenen und außerdem noch unvollständigen Ergebnisse psychologischer Forschung machen immer wieder deutlich, wie selbstverständlich und unüberlegt Beurteilungsprozesse des naiven Verhaltens eigentlich ablaufen. Wir urteilen, ohne uns der Bedingungen oder der Tragfähigkeit der vorhandenen Informationsbasis überhaupt bewußt zu werden. Rückblickend erscheinen solche Erkenntnisse plausibel. Zu wissen, wie etwas wirkt, hat noch keinen Einfluß auf unser alltägliches Verhalten. Für das Verständnis unseres Problemzusammenhanges ist wichtig, sich immer wieder daran zu erinnern, daß

Faktoren wie die angeführten die qualitative Ausformulierung eines Vorurteils erheblich beeinflussen, so daß es einsichtig wird, warum wir von der gruppenspezifischen Gültigkeit von Vorurteilen sprechen.

Wie Persönlichkeitsvorstellungen wirken

Für die naive Beurteilung von Menschen – aber auch in leicht modifizierter Form von Objekten und Beziehungszusammenhängen – ist ein bestimmtes Repertoire in sich geordneter Beurteilungsschemata Voraussetzung. Bestimmte Reize wirken als Auslöser für die beim einzelnen vielfach unbewußt erlernten Systeme, nach denen Mitmenschen beurteilt werden. Wir können davon ausgehen, daß jeder von uns solche Systeme zusammengehörender oder sich ausschließender, über- oder untergeordneter Eigenschaften, die Menschen zu charakterisieren vermögen, mit sich herumträgt. Dieses System voneinander abhängiger Eigenschaften ist die ,,Persönlichkeitstheorie des Laien“ (Bruner & Tagiuri 1954), von Cronbach (1955), auch ,,implizite Persönlichkeitstheorie“ genannt. Es ist einsichtig, daß unterschiedliche Menschen auch unterschiedliche Persönlichkeitstheorien besitzen. Die Unterschiedlichkeit dürfte dabei vor allem darin bestehen, daß der eine Mensch – vereinfacht ausgedrückt – weniger Merkmale und Dimensionen zur Beurteilung anderer Personen zur Verfügung hat, während ein anderer zu einer wesentlich differenzierteren Beurteilung fähig ist. Dieses Persönlichkeitsmerkmal ist als ,,kognitive Komplexität“ von Crockett (1965) in die wissenschaftliche Diskussion eingeführt worden. Komplex ist ein System von Persönlichkeitseigenschaften dann, wenn es (1) eine relativ große Zahl von Elementen (Eigenschaften) beinhaltet (= kognitive Differenzierung) und außerdem (2) die Elemente hierarchisch geordnet und wechselseitig verbunden sind (hierarchische Integration). Mit abnehmendem Komplexitätsgrad nehmen also die Unterscheidungsmöglichkeiten zwischen Menschen, folglich auch die Möglichkeiten der eigenständigen Beurteilung ab.

Wenn wir Verhalten bei anderen Menschen beobachten, bringen wir das in Zusammenhang mit Eigenschaften, die als Ursachen für dieses Verhalten angesehen werden. Diese wiederum stehen in Verbindung zu neben-, über- oder auch untergeordneten Eigenschaften (implizite Persönlichkeitstheorie). Weil diese Zusammenhänge existieren, wird dann auf weitere sozusagen zusammengehörige Eigenschaften geschlossen, die dann ebenfalls und zusätzlich, ohne eigentliche Informationsbasis, dem zu beurteilenden Menschen zugesprochen – attribuiert – werden. Menschen haben ihre eigenen Persönlichkeitstheorien, diese können mehr oder weniger komplex sein. (Zur Frage der Messung kognitiver Komplexität vgl. Kelly 1955.)

Die Bedeutung der kognitiven Komplexität für die naive Eindrucksbeurteilung hat nun noch keineswegs zu einheitlichen Forschungsergebnissen geführt. Bei Crockett (1965) finden sich unter anderem folgende Ergebnisberichte: (1) Personen mit niedriger kognitiver Komplexität neigen dazu, zwischen sich und anderen eine größere Ähnlichkeit anzunehmen und dann auch für bestimmte Situationen ein Verhalten vorauszusagen, das man selbst in solchen Situationen zeigen würde. (2) Personen mit hoher kognitiver Komplexität sind eher imstande, sowohl „gute“ wie „schlechte“ Eigenschaften in die Beschreibung von Personen mit aufzunehmen; sie können also auch logisch widersprüchliche Informationen über einen Menschen besser verarbeiten und integrieren. (3) Primacy- wie recency-Effekte, das heißt die dominante Wirksamkeit der zuerst oder an letzter Stelle vermittelten Information tritt bei Menschen mit hoher kognitiver Komplexität nicht auf (vgl. dazu auch Luchins 1957 und Mayo & Crockett 1964). (4) Bei der Beurteilung persönlich sympathischer und gleichaltriger Personen wird ein höherer kognitiver Komplexitätsgrad erreicht als für ältere und unsympathische Personen, das heißt innerhalb eines meßbaren allgemeinen kognitiven Komplexitätsgrades ist dann noch eine Differenzierung in bezug auf die zu beurteilenden Personen vorzunehmen.

Kognitive Komplexität als ein Persönlichkeitsmerkmal, das einen spezifischen Einfluß auf die Art der Eindrucksbeurteilung bei ein und demselben Reizgegenstand, also identische Ausgangsinformation hat, ist zweifellos nur eine unter einer Vielzahl von Eindrucksbildung beeinflussenden Persönlichkeitsfaktoren. Die theoretische wie angewandte Aktualität dieses Faktors verhalfen ihm hier exemplarisch, etwas Licht in Bedingungszusammenhänge unserer naiven Beurteilungsprozesse zu bringen.

Wir lieben unsere Vorurteile, ohne zu wissen, warum wir in bezug auf einen Menschen gerade dieses Vorurteil haben und kein anderes.

Wie eine spezielle Situation wirkt

Bisher haben wir uns – und dies entspricht durchaus der Entwicklung der wissenschaftlichen Diskussion – unter bestimmten Aspekten immer noch naiv verhalten. Naiv deshalb, weil wir eine letztlich doch nur teilweise vorhandene einseitige Beziehung zwischen dem Beurteiler und dem von ihm beurteilten Objekt unseren auch empirischen Untersuchungen zugrunde gelegt haben. Natürlich stellen wir vielfach bei photographischem Bildmaterial, bei der Inspektion der Insassen des D-Zug-Abteils durch die Abteiltüre, bei Beobachtungen im Vorübergehen und auch bei verbalen Kurzinformationen über eine dritte Person eine solche einseitige Beziehung her. Trotzdem sollte aber nicht vergessen werden, daß ein Großteil naiv ablaufender Beurteilungsprozesse das Ergebnis sozialer Wechselwirkung ist. Wahrnehmungs- und Beurteilungsprozesse sind also eingebaut in Prozesse der sozialen Wechselwirkung, das heißt meine Beurteilungen der anderen sind indirekt auch von deren Reaktionen auf mein Verhalten mitbestimmt; dieses Verhalten muß mir selbst in seiner erlebnismäßigen Bedeutung für den anderen überhaupt nicht bewußt sein. Wechselwirkung heißt also, daß Verhalten wechselseitig mitbedingt, mitgesteuert wird, daß dabei Rückmeldungen („feed back") stattfinden (vgl. zu dieser Problematik Argyle 1972). Naive Eindrucksurteile sind also auch das Ergebnis von Prozessen der Wechselwirkung zwischen Partnern auf der Basis jeweils unterschiedlicher Persönlichkeitsfaktoren im weitesten Sinne, sowie zusätzlich gegebener Information. Mit der Einbeziehung der Situation in den Beurteilungsprozeß und der Wirksamkeit von Wechselwirkung muß Eindrucksbeurteilung auch unter dem Aspekt der Wirksamkeit non-verbaler Kommunikation, also non-verbaler wechselseitiger Beeinflussung, gesehen werden. Nicht uninteressant ist zum Beispiel dabei, daß Argyle, Alkema & Gilmour (1971) zeigen konnten, daß bei gleicher Ausprägung verbaler und non-verbaler Signale (freundlich oder feindlich) die non-verbalen Elemente einen wirksameren Einfluß auf den Beurteilungsprozeß hatten als die verbalen. Thayer (1969) glaubt nachweisen zu können, daß dann, wenn die zu beurteilende Person den Beurteiler lange anblickt, dieser dazu neigt, den anderen verstärkt als dominant zu charakterisieren. Auch solche Beispiele sind nur eine Veranschaulichung vorhandener und bisher zu wenig beachteter Faktoren beim Zustandekommen unserer durch Eindrücke ausgelösten Vorurteile.

In diesem Zusammenhang muß noch ein weiterer Einfluß erwähnt werden: Häufig beurteilen wir andere Menschen nicht isoliert, als Einzelperson, sondern im Kontakt, in Auseinandersetzung mit anderen. Dabei läßt sich dann – was Cline (1956) auch experimentell demonstrieren konnte – zeigen, daß ein und dasselbe Gesicht je nach dem Partner, mit dem es zusammen in Erscheinung tritt, eine unterschiedliche Beurteilung und Bewertung erfährt. Die bisherige Diskussion zum Einfluß verschiedener Situationen auf die Eindrucksbeurteilung hat sich auf zwischenmenschliche Wechselwirkungen beschränkt. Dabei darf nicht übersehen werden (vgl. Mehrabian 1972; Argyle 1972), welche raumbezogenen – durch Sitzordnung, Sitzplatzwahl und Körperhaltung bestimmten – Verhaltensweisen in der Kommunikation zwischen zwei oder auch mehreren Partnern auftreten und wie sie aufgefaßt, beurteilt, mit Bedeutung aufgeladen werden (vgl. dazu auch Sommer 1961; 1967 u. a.). Unabhängig davon ist der spezifische Ort der Begegnung, seine Ausstattung und Stimmung keineswegs ohne Belang. Dies alles zeigt die Vielschichtigkeit der bei einem Prozeß der Eindrucksbeurteilung möglichen und beteiligten Faktoren. Ohne solche Automatismen würden die für menschliches Zusammenleben entscheidenden Prozesse nicht funktionieren. Bewußt ist uns das alles nicht, die Informationsbasis ist schmal. Die letztlich abgegebene Beurteilung ist, konsequent gedacht, das aus biographisch vorangegangenen Vorurteilen abgeleitete neue Vorurteil unter dem modifizierenden Einfluß von Rückkopplungsprozessen und situationsbedingten Einflüssen. Weil wir dies alles in unserem alltäglichen Verhalten nicht wissen, besteht sozusagen naiv kein Anlaß, unsere so praktisch funktionierenden Vorurteile nicht zu lieben.

Welchen Einfluß Eindrücke auf das Verhalten haben

Sicherlich sind Einstellungen und Vorurteile, abgegebene Urteile über andere Menschen nicht gleichbedeutend mit entsprechendem Verhalten. Eine negative Meinung über einen anderen führt nicht notwendigerweise zu einem entsprechend negativen Verhalten (vgl. zu dieser Problematik Six 1975 a; 1975 b). Dennoch kann nicht bestritten werden, daß Eindrucksurteile die Basis zwischenmenschlichen Zusammenlebens sind. Wir heiraten – vielleicht von traurigen Einzelfällen in Psychologenkreisen abgesehen – keine objektiv durch Intelligenzquotienten, spezifische Neurotizismuswerte usw. definierten Frauen oder Männer, sondern Eindruckswerte, Image-Systeme, die sich im Laufe eines sozialen Wechselwirkungsprozesses ausgebildet haben. Existentiell entscheidendes Verhalten (Heirat) kann durchaus mit positivem Ausgang das Resultat einer Serie von Eindrucksurteilen auf der Basis von Informationsdefiziten sein. Daß Eindrucksurteile konkretes Verhalten bestimmen können, zeigen nicht zuletzt die Untersuchungen von Walster, Aronson, Abrahams & Rottmann (1966). Nicht irgendwelche objektiven Persönlichkeitsdaten wie zum Beispiel Intelligenz, sondern ausschließlich der durch mehrere unabhängige Beurteiler festgestellte physische Attraktivitätsgrad war ausschlaggebend für die Verabredung mit einer Partnerin (vgl. zum Problembereich der Attraktivitätsforschung auch Byrne & Griffit 1973; Berscheid & Walster 1969, Irle 1975). Weil Eindrucksurteile mitmenschliches Zusammenleben entscheidend steuern, sind sie auch zentrale Bestandteile aller sozialen Konflikte. Es kommt eben ganz auf die Vorzeichen der wechselseitigen Vorurteile an. Be-vorurteilt man sich wechselseitig, dann dürften selbst bei objektiven negativen Realitäten Konflikte kaum auftreten. Um Konflikten zu begegnen, müssen den Betroffenen erst einmal die ihr Verhalten mitbestimmenden naiven und selbstverständlich gebrauchten Eindrucksurteile bewußt gemacht werden. Die Liebe zu unseren Vorurteilen steht sicherlich vielen Bemühungen um Konfliktlösung erheblich im Wege.

Die Bedeutung von Eindrucksurteilen für menschliches Verhalten läßt sich aber auch noch in Verbindung mit Phänomenen der negativen Attraktivität nachweisen. Farina, Sherman & Allen (1960) haben in einem sicher noch weiterzuentwickelnden Ansatz zeigen können, daß unterschiedliche Formen der Körperbehinderung zu unterschiedlichen Eindrucksurteilen führen, die dann ihrerseits zwar nicht im verbalen, wohl aber im non-verbalen Verhalten unterschiedliche Reaktionen bei Lernexperimenten zur Folge hatten.

Naives Verhalten wurde im Vorausgegangenen veranschaulicht an alltäglichen Beurteilungsprozessen von Personen und Dingen. Die Psychologie des ersten Eindruckes wurde nicht nur unter dem Aspekt der Beschreibung, sondern vor allem auch in einer Bedingungsanalyse dargestellt und exemplarisch veranschaulicht. Wir wissen nun, daß aus psychoökonomischen Gründen im naiven Erleben Eindrucksprozesse so selbstverständlich und automatisch ablaufen müssen, wie sie es tun. Mit einem Minimum an Ausgangsinformation wird ein Maximum an Umweltstabilisierung erreicht. Daß wir bei dieser Technik der Weltbewältigung mit unseren Urteilen mindestens in unseren eigenen Bezugsgruppen nicht allein sind, sondern darin sogar noch bestärkt werden, macht Vorurteile nicht nur praktisch, sondern eben auch liebenswert.

Leer-Räume und Informations-Defizite

Aus den vorangegangenen Überlegungen ist deutlich geworden, daß naives Verhalten auf Urteilen fußt, deren Informationsgrundlage mangelhaft ist, wir sprechen von Vorurteilen. Sie dienen in unserem Alltag als reale Orientierungs- und Steuerungssysteme. Dieser Zusammenhang von Nichtwissen und Vorurteil soll im folgenden näher betrachtet werden. Nehmen wir wieder ein alltägliches Thema, zum Beispiel die Psychologie. Es gibt wohl kaum Menschen, seien es Politiker oder Lehrer, Unternehmer oder Funktionäre, Journalisten oder Wissenschaftler, die nicht glauben, bei diesem Thema begründet und sinnvoll mitsprechen zu können, also in Ansätzen eine gewisse Kompetenz zu besitzen. Das ist nicht zufällig, denn jeder, der Menschen begegnet, fühlt sich herausgefordert von der Psyche des anderen. Konflikte entstehen und Probleme werden gelöst. Menschen bereiten uns Kummer wie Freude, jeden interessiert an jedem irgendwann einmal, warum er sich so verhält und nicht anders, Menschen sind emotional aufgeladen und damit dem Meinungsstreit ausgeliefert. Der Aktualitätsgrad der Diskussion ist bei psychologischen Themen hoch – man fragt sich manchmal, ob überhaupt irgendeine andere wissenschaftliche Disziplin soviel unhaltbare Publikationen aufzuweisen hat wie gerade die Psychologie – und damit auch soviel Mißverständnisse möglich macht. Jeder einzelne, der sich an einer solchen Diskussion beteiligt, sollte sich fragen, ob ihm bei allem Interesse auch die Laienhaftigkeit seines Verhaltens in diesem Themenkreis bewußt wird? Wissen wir, daß der Großteil unserer Äußerungen, auch wenn wir sie mit der Überzeugung eigenständiger, kritischer Überlegungen vortragen, nichts anderes sind als empirisch nachweisbare Voraus- oder gar Vorurteile? Die Philosophie des „als ob" ist in unserer gesellschaftlich-historischen Realität sicherlich nicht zufällig und beschränkt sich auch keineswegs auf psychologische Sachverhalte; man denke nur an Themen wie Konjunktur, Arbeitslosigkeit oder aber Fragen der Funktion der Wirtschaftswerbung, den Funktionsmechanismen von Wirtschaftssystemen und vieles andere mehr. Wir müssen heute, auch wenn wir es bedauern, von der gesicherten Erkenntnis ausgehen, daß die Bereiche unserer Umwelt, von denen wir eigentlich überhaupt nichts verstehen, in denen wir uns also mit der Rolle des Laien begnügen müßten, sich immer schneller ausdehnen. Der Bereich des persönlichen Nichtwissens nimmt im Verhältnis zu dem an und für sich vorhandenen Wissen ständig zu. Anders formuliert: Das objektiv vorhandene Wissen entfernt sich immer weiter von dem persönlichen Wissensstand. Auf den Landkarten des Wissens sind, wenn man sie einmal für den einzelnen zeichnen würde, von kleinen Entdekkungen abgesehen, fast nur weiße Flecken zu sehen. Dies allein ist schon fatal; noch fataler jedoch wirkt jener menschliche Konstruktionsfehler, der verhindert, sich und anderen tatsächliches Nichtwissen auch einzugestehen. Wir alle unterliegen einer zunehmenden Spezialisierung der Bereiche, in denen wir wirklich wissensmäßig zu Hause sind. Alle übrigen, uns teilweise vielleicht sogar interessierenden, Fachbereiche, Tatbestände, Bedeutungs- und Beziehungszusammenhänge, einschließlich der wahrgenommenen Information (soweit diese echtes Fachwissen beinhaltet), wie auch unsere Mitmenschen oder Gruppen von ihnen, werden –

mit dem Anthropologen Frazer aus der viktorianischen Zeit formuliert – durch ,,Scheinsysteme von Naturgesetzlichkeiten“ bewältigt.

Für unser weitgehend nicht eingestandenes Nichtwissen – welcher Begriff könnte es besser beschreiben als der der Leer-Räume – bietet sich nun aber immer gleichsam automatisch Ersatzwissen an. Dieses Pseudowissen wird in Form von Meinungen, Formeln, Ideologien gehandelt und dann von uns auch so gebraucht, als ob es sich dabei um das Resultat persönlich erarbeiteten Wissens handeln würde. Der Mechanismus der naiven alltäglichen Meinungs- und damit Vorurteilsbildung hat seinen Auslöser in der bewußten, vielfach allerdings unbewußten Wahrnehmung, aber auch dem Erlebnis von Leer-Räumen. Sind diese vorhanden, dann geraten sie unter Etikettierungszwang; werden rationale Problemlösungen verhindert, dann kommt es zu solchen quasi rationaler Natur. Man kann Leer-Räume nicht leer lassen. Leer-Räume bewirken Unsicherheit und Instabilität in unserem alltäglichen Leben. Wegen dieser Unsicherheit macht sich der Mensch auf die Suche nach Stabilisation. Er wird dabei gleichsam getrieben von einem ,,basic need to know“ (McGuire 1969), um ein festes Bezugssystem für sein alltägliches Verhalten zurückzugewinnen. Dieser Antrieb zur Beseitigung von erlebtem Nichtwissen wird von Fowler (1965) als triebmäßig verankert gesehen, und Newcomb (1953) meint, daß es sich dabei um ein durch sekundäre Verstärkung – also durch Umwelteinflüsse – erworbenes Bedürfnis handle. Wenn also – um in einem früher gewählten Beispiel zu bleiben – die objektiven Realitäten eines Unternehmens nicht zugänglich und verständlich sind, dann greift man eben zu einer vereinfachten Form der Bewältigung, und mit dieser muß man sich auch weitgehend zufriedengeben, da eben die Möglichkeiten und Kapazitäten unseres Wissens beschränkt und andererseits eine wie auch immer geordnete Umwelt die Voraussetzung einer praktischen Lebensführung ist. Es tritt also der Fall ein, den Lippmann (1956, Seite 131) in die Worte faßt: „In den meisten Fällen definieren wir, ehe wir sehen, und sehen nicht, ehe wir definieren. Aus der unendlich bunten Vielfalt der uns umgebenden Welt greifen wir meist das heraus, was von der Kultur schon definiert ist, und pflegen es dann auch in dieser uns überlieferten stereotypen Form wahrzunehmen."

Leer-Räume können einerseits so unbewußt wirksam werden, daß uns ihre Auffüllung im naiven Verhalten überhaupt nicht zum Bewußtsein kommt, sie können andererseits aber auch in Form erlebter Informationsdefizite an die Oberfläche des Bewußtseins treten, sie können Auslöser von Fragen an Menschen, Politiker, Ärzte, Unternehmer sein. Mit der Frage gerät der direkt oder indirekt Angesprochene unter Kommunikationszwang. Stellt sich nun aber der Befragte – und wie gesagt, dies können Menschen, Unternehmungen und Institutionen sein – nicht den Fragen, die an ihn herangetragen werden, dann müssen die offengebliebenen Fragen wieder durch unbewußte Quellen gespeist werden. Denn: Wird in einem Stadium des psychologischen Kommunikationszwanges die konkrete und glaubwürdige und dazu außerdem noch verständliche Information verweigert, dann wird substituiert. Anders formuliert: Angebote für Leer-Räume sind immer auf dem Markt. Auf dem Hintergrund der bisher geschilderten Sachverhalte dürfte nun auch folgendes einsichtig sein: Der zunehmende Komplexitätsgrad der Welt, in der wir leben, noch verstärkt durch vielfach fehlende Informationsbereitschaft bzw. fehlender Fähigkeit, Informationen zum richtigen Zeitpunkt, über die angemessenen Medien in verstehbarer und konkreter Form zu vermitteln, macht verständlich, warum Ideologien unterschiedlichster Provenienz als maximale Vereinfachungs- und Erklärungsmechanismen mit einer möglicherweise zunehmenden Nachfrage rechnen können. Für Ideologien gibt es nicht komplizierte Prozesse der Wechselwirkung, vielschichtige Sozialstrukturen usw., sondern sie folgen den Gesetzen der naiven Eindrucksbeurteilung, indem sie zunächst eine Primäreinteilung der Welt nach Sympathie und Antipathie, positiv und negativ vornehmen und dann den „Sündenbock" etikettieren. Die eigene Welt ist mit apodiktisch vorgetragener Selbstverständlichkeit die bessere. Ist der „Zustand der Seligen" noch nicht erreicht, dann kennt man auch die Ursachen und wird motiviert sein, diese – je nach Ideologie – mit Geduld und Toleranz oder Ungeduld und Gewalt zu beseitigen. Es gehört schon viel Naivität dazu, zu meinen, schlechte Noten in der Mengenlehre beseitige man am besten durch Verbrennung entsprechender Lehrbücher oder auch Arbeitsunzufriedenheit durch Abschaffung der entsprechenden Arbeit. Wir haben jetzt sicherlich überspitzt formuliert, haben dabei aber nur das getan, was die praktizierten Vereinfachungsprozesse naiven Verhaltens laufend leisten.

Es soll zunächst nur festgehalten werden: Meinungen und Vorurteile sind Substitutionsprodukte unseres Nichtwissens, sie werden leider nur zu selten als solche diagnostiziert und gehen oft unkontrolliert in Entscheidungsprozesse von erheblicher Tragweite ein. In welch ausschlaggebender Weise Entscheidungen auf der Basis von Nichtwissen, von bloßen Meinungen getroffen werden, sollen drei Beispiele veranschaulichen: (1) Die Begrenztheit objektiver Problembewältigung konnte von uns an den bei vielen Aktionären von Aktiengesellschaften nur sehr beschränkt oder überhaupt nicht vorhandenen Fähigkeit nachgewiesen werden, Bilanzen zu lesen und zu analysieren. (2) Schmölders (1952) hat für den Großteil deutscher Bundestagsabgeordneter ein erhebliches objektives Wissensdefizit zum Thema Währung und Geldwert feststellen müssen. (3) Von wenigen Spezialisten abgesehen, konnten wir erst in jüngster Zeit feststellen, daß das Wissen um Probleme, Möglichkeiten und Technologien der deutschen Luft- und Raumfahrtindustrie bei Bundestagsabgeordneten das Niveau naiver Alltagsmeinungen der Bevölkerung nicht übersteigt; und dies bei Leuten, die ja Entscheidungen mit beeinflussen. Die Abhängigkeit von Spezialisten, die Unfreiheit demokratischer Entscheidungsinstanzen – dies gilt für Selbstverwaltungsorgane ebenso wie Parlamente – ist ein zunehmendes Problem freiheitlicher Staatswesen. Man sollte sich diese Sachverhalte zumindest bewußt machen und Entscheidungsprozesse einmal unter diesem Aspekt näher betrachten.

So ist es denkbar und sicher nicht unwirklich, daß Mitglieder von Entscheidungsgremien, nicht zuletzt im politischen Bereich, Initiativen ergreifen auf einem Informationsniveau, das für Vorurteilsbildung ausreichend ist, nicht aber für eine existentiell bedeutsame Entscheidung; man denke beispielsweise an Forderungen nach Investitionslenkung, Verstaatlichung bestimmter Industrien und anderes. Auch Meinungsbildner lieben ihre Vorurteile. Sollten diese realisiert werden, so wird ihr destruktiver Charakter überdeutlich in Erscheinung treten. Weitverbreitetes naives Verhalten im Bereich politischer Systeme bedarf dringend der Entlarvung. Der bequeme Weg des Vorurteils verschleiert Zusammenhänge und bringt Entscheidungsprozesse in Gang in denen begründete Alternativen unberücksichtigt bleiben und Fehlentscheidungen begünstigt werden.

Meinungen als möglicher Ausgangspunkt von Entscheidungen sollen im folgenden, in Verbindung mit dem aktuellen Thema Wirtschaftswerbung und Gesetzesinitiativen diskutiert werden. Zu diesem Thema ist es nicht schwer, einschlägige Formeln zu finden:

Werbung als psychologische Umweltverschmutzung

Werbung als Bedarfsweckung

Werbung als Lüge

Werbung als Verführer

Werbung als Konsumterror

Werbung als Instrument der Monopolisierung

Werbung als Manipulation.

Diese Pauschalurteile über Werbung vermitteln häufig den Eindruck, als ob alle Verbraucher so dächten. Aber selbst im Reich der Meinungen gibt es diese Uniformität mit negativen Vorzeichen nicht. Mißt man nämlich die Einstellung zur Werbung an einem repräsentativen Querschnitt der westdeutschen Bevölkerung, dann werden vier Beurteilungsdimensionen sichtbar:

1. emotionale Zustimmung zur Werbung
2. sachliche Informationserwartung
3. wirtschaftliche Notwendigkeit
4. Verteuerung, Manipulation.

Man kann weder von einer allgemeinen Werbeaversion, noch von einem völligen Nichtwissen um die Funktionen der Werbung in einer marktwirtschaftlichen Ordnung ausgehen. In unserer Gesellschaft werden zunehmend auch Selbstverständlichkeiten in Frage gestellt. Dies ist an sich ein sehr positives Zeichen. Problematisch wird es erst, wenn der Fragende keine glaubwürdige und konkrete Antwort, sondern nur ideologische Ausreden oder überhaupt keine Antwort erhält. Antwortverweigerung und Ausreden kommen aber leider nicht nur bei Kindern vor.

Die Sachnotwendigkeit der Wirtschaftswerbung dürfte eigentlich, wenn man sich auch als Politiker nicht mit Meinungen zufrieden geben würde, unbestritten sein. Denn Massenmärkte haben Massenkommunikation zur Voraussetzung. Noch niemals sind Produkte anonym angeboten und verkauft worden. Immer bedurfte es dazu der persönlichen oder auch der werblichen Argumentation. Daß Werbung notwendig ist, sagt natürlich noch gar nichts aus über ihre Qualität. Daß aber, aufbauend auf falschen Annahmen über die Wirkmechanismen, auch fehlerhaftes Verhalten vorliegen kann, ist unbestritten. Wenn wir über die Notwendigkeit von Wirtschafts-, aber auch von politischer Werbung sprechen, dann gehen wir davon aus, daß das Produkt die Qualität hat, die versprochen wurde und auch den psychologischen Bedürfnissen der Konsumenten gerecht wird. Nur auf diese Art und Weise ist

Glaubwürdigkeit gewährleistet. Verstößt man gegen solche Grundprinzipien, dann wird dies als Bumerang-Effekt auf den Verursacher zurückkommen. Zweifellos ist der Konsument häufig sensibler, als es dem einen oder anderen Unternehmer oder dem Politiker recht ist. Man muß allerdings auch der Werbung zubilligen, was man für sich persönlich als selbstverständliches Recht in Anspruch nimmt, daß man nämlich primär seine spezifischen Vorteile am Markt zur Geltung bringt. Das Recht auf Selbstdarstellung kann in einem freiheitlichen Rechtsstaat nicht elitär reglementiert werden.

Unsere Ergebnisse belegen also, daß die sachnotwendige Wirtschaftswerbung – sie gewinnt im übrigen gerade in sozialistischen Wirtschaftssystemen zunehmend an Bedeutung – durch eine Mehrzahl unterschiedlicher Meinungen sozusagen „bewältigt" wird.

Im Fernsehen gibt es keine Werbespots mehr für irgendwelche Zigarettenmarken. Vorausgegangen war die Diskussion, ob Werbung für ganz bestimmte Produkte mit nachweisbaren körperlichen Schädigungen nicht problematisch und daher durch Gesetze zu verbieten sei. Dabei wird spätestens an dieser Stelle naives Verhalten insofern deutlich, als anscheinend – und dies tut nicht nur der Politiker, sondern auch der Professor, der sich als Laie über solche Zusammenhänge äußert – im Sinne der bereits erörterten Wirksamkeit des Mechanismus der „phänomenalen Kausalität" ein ursächlicher Zusammenhang zwischen dem Umfang der Zigarettenwerbung und der Höhe des Zigarettenkonsums angenommen wird. Abbau der Zigarettenwerbung würde also den Abbau gesundheitsschädigenden Konsumverhaltens zur Folge haben. Darauf kann man zunächst nur sagen: Schön wär's. Bis zur Stunde sind solche Wirkungen nicht nachweisbar, und wir wissen, daß zum Beispiel Alkoholismus gerade auch in jenen Ländern ein Problem ist, in denen für Spirituosen keinerlei Werbung gemacht wird. Für den Sozialpsychologen sind solche Sachverhalte keineswegs überraschend. Alles in allem bereitet es also wissenschaftlich keine Schwierigkeiten, jenen Politikern, die von dem oben angeführten Ursache-Wirkung-Zusammenhang ausgehen, nachzuweisen, daß sie einem längst entdeckten Vorurteil aufgesessen sind. Auch sie lieben ihre Vorurteile, verhalten sich naiv selbstverständlich in Bereichen, die ihnen intellektuell nicht zugänglich sind. Einzuräumen ist auch hier immer wieder, daß man nicht alles wissen kann; deshalb sollte man aber auch nicht so tun als ob. Falsche Meinungen führen nicht zum Abbau gesundheitsschädigenden Verhaltens, sondern höchstens – wie geschehen – zum Abbau von Arbeitsplätzen in der Werbewirtschaft. Einem Nichtraucher sei folgende Bemerkung erlaubt: Die Erhöhung der Tabak- und Branntweinsteuer ist von Politikern sicherlich nicht in der Absicht einer indirekten Drosselung des Konsums geplant. Sie geht viel eher von der Erwartung einer gleichbleibenden Umsatzhöhe aus, denn leere Kassen sind zu füllen. Auch solche Irrationalitäten sind letztlich Leer-Räume, die durch übergeordnete neue Vorurteile ihren quasi-rationalen Ausgleich erfahren.

Nach diesem Exkurs wollen wir, bei den besagten Leer-Räumen bleibend, uns einem ganz spezifischen Problem zuwenden, nämlich jenen Leer-Räumen, die als solche den Betroffenen bekannt sind, wo diese also Fragen stellen und damit die Bereitschaft existiert, auf die im Falle der Informationsverweigerung einsetzende

Vorurteilsbildung zu verzichten. Naives Verhalten sollte wohl dort begrenzt werden, wo es im Interesse menschlicher Weiterentwicklung und der Vermeidung destruktiver Konflikte begrenzt werden müßte und auch noch begrenzbar ist. Wer die Entwicklung destruktiver naiver Vorurteile durch Informationsverweigerung fördert, ist bei der gegebenen Wechselwirkung aller sozialen Prozesse zu einem späteren Zeitpunkt selbst davon negativ betroffen. Nun kann man natürlich bei der Flut von Publikationen und Sendungen im Zeitalter der Massenmedien durchaus die Frage stellen, ob denn letztlich überhaupt noch – mindestens in demokratischen Staaten – irgendein Informationswunsch offen ist. Diese Frage ist eindeutig zu bejahen. Warum dies so ist, wird an späterer Stelle in Verbindung mit dem Problem der sogenannten Kommunikationsfähigkeit zu erörtern sein. Wir möchten im folgenden exemplarisch solche erlebten Informationsdefizite darstellen in einem für den einzelnen letztlich entscheidenden Bereich, nämlich dem der wirtschaftlichen Zusammenhänge und damit auch des persönlichen Arbeitsplatzes.

Beispiel I: Informationsdefizite bei Arbeitern

In eingehenden psychologischen Untersuchungen bei Arbeitern über Einstellungen und Erwartungen in bezug auf aktuelle Fragen der Wirtschafts- wie der Unternehmenspolitik zeigt sich immer wieder, wie sehr sich die Arbeiter für diese Thematik interessieren, gleichzeitig werden aber auch Informationsdefizite und das an späterer Stelle noch darzustellende Problem der Unverständlichkeiten eines Großteils der in den Medien angebotenen Informationen sichtbar.

(1) Allgemeines wirtschaftspolitisches Defizit

Bevor auf Defiziterlebnisse im eigentlichen Sinne eingegangen wird, ist kurz auf das Wissen und Erlebnis von Informationsnormen hinzuweisen. Bei der Frage nach dem Grad des persönlichen Interesses an der allgemeinen Thematik Wirtschaft, Politik und Unternehmungen tritt eine Erlebnislage ein, die unter normativem Druck steht: ,,. . . da muß man eben Bescheid wissen." Man kennt also ganz bestimmte Sollwerte des persönlichen Informationsstandes: ,,. . . das sind eben so Themen, die jeden angehen, man muß doch schließlich wissen, was im Staat los ist, man muß sich doch darüber unterhalten können, es gehört einfach dazu, daß man informiert ist, man muß da einfach Bescheid wissen . . ." Solche allgemeinen Sollwerte sind in Verbindung mit den noch aufzuzeigenden Informationsdefiziten zu sehen, denn genau dort wird die Diskrepanz zwischen Ist- und Sollwerten besonders aktuell. Das ausgelöste Gefühl der Unterlegenheit (Minderwertigkeit) muß nicht, kann aber Auslöser affektiver Reaktionsweisen sein. Im Mindestfall kommt es zur allmählichen Übernahme von Vorurteilen auch ideologischer Provenienz. Nicht uninteressant dürfte sein, daß sich die angedeuteten Konfliktmöglichkeiten bei den bisher von uns untersuchten Arbeiterinnen nicht finden, da sie eine Informationsnorm in bezug auf politische und wirtschaftspolitische Fragestellungen und Zusammenhänge für sich nicht als gültig betrachten – ,,Politik ist Männersache" (vgl. Kunkel 1973) – und ihr Nichtwissen bei gleichzeitigem relativem Desinteresse unverblümt zugeben.

Wenn nun von Arbeitern Informationsdefizite ausformuliert werden, dann handelt es sich dabei immer um

Probleme, die den eigenen Lebensraum betreffen. Man engagiert sich verständlicherweise nur für Themen, die einen unmittelbaren und verständlichen Bezug zur eigenen Privat- und Berufswelt haben; wörtlich heißt es beispielsweise in einem Protokoll:

„. . . ich interessiere mich besonders für das, was mich selber betrifft, eben zum Beispiel solche sozialen Beiträge oder Fragen aus dem Wirtschaftsleben, die für mich selber und meine Familie interessant sind; alles was mit meiner Arbeit zu tun hat, was meine Lebensverhältnisse betrifft, . . . all das, was uns selber berührt . . ."

Informationsnormen können also bei erlebtem Informationsdefizit nur dann erfüllt und damit auch Konfliktmöglichkeiten ausgeschaltet werden, wenn die konkrete alltägliche Verbindung von wirtschaftspolitischen Zusammenhängen mit dem eigenen Ich, der eigenen Familie und Intimgruppe hergestellt ist. Soweit nun ein Informationsbedarf ausformuliert wird, zentriert sich dieser primär nicht auf irgendwelche in den Medien bisher nicht angesprochene Themenkomplexe, sondern auf den Wunsch nach Erklärung, nach Verstehbarmachung der thematisch bekannten, aber vielfach nur meinungsmäßig bewältigten Probleme. Wir veranschaulichen dies an einigen Beispielen:

Steuerprobleme

„. . . man müßte mehr informiert werden, wie man weniger Steuern zahlen muß, wie man die Steuern besser zurückbekommt, wie man mehr Geld vom Staat zurückbekommt, wie man Steuern besser sparen kann, man müßte sein eigener Steuerberater sein, so etwas kann man sich ja als einfacher Mann nicht leisten . . .".

Der Wunsch nach dem „Steuerberater" für den kleinen Mann ist unverkennbar; man ist eigentlich auf der Suche nach Tips, um Steuern sparen zu können.

Lebenshaltungskosten

„. . . immer liest man vom Lebenshaltungsindex, der steigt, der ist in jedem Jahr höher, man weiß nicht, was das genau bedeutet, da müßte viel mehr Aufklärung betrieben werden, genau informiert ist man darüber nicht . . ."

Hier ist die Terminologie problematisch, denn um was es sich beim Lebenshaltungsindex handelt, ist letztlich unbekannt; es fehlt die Veranschaulichung. Der Lebenshaltungsindex bleibt etwas Unverständliches, Anonymes, ein Leerraum, der unter Etikettierungszwang gerät. Damit Unsicherheiten nicht zu Fehleinschätzungen führen, müssen persönlich bedeutsame Bezugssysteme, also verständliche Vergleichsmaßstäbe herangezogen werden.

Währungsprobleme

„. . . immer reden sie über Dollar-Krise und Währungsprobleme . . . man müßte genau wissen, was das für eine Sache ist, was das auf den kleinen Mann für einen Einfluß hat . . . man müßte über die Zusammenhänge genau aufklären, zwischen der Dollarkrise und den Lebenskosten zu Hause . . . ich habe noch nie verstanden, warum wir immer Dollars kaufen müssen . . ."

Diesen Äußerungen ist zu entnehmen, daß stereotyp wiederkehrende Nachrichten der Massenmedien

„konditioniert“ und damit gedächtnismäßig gespeichert werden, ohne daß damit echtes Verständnis und das Erlebnis möglicher persönlicher Bedeutsamkeit parallel gehen. Auch hier wäre die Schlußfolgerung: Währungsprobleme müssen in ihrem konkreten Einfluß auf den einzelnen verständlich gemacht werden.

Mitbestimmung

„. . . es müßte einmal genau geklärt werden, was Mitbestimmung eigentlich ist, wie es damit weitergehen soll, worin da mitbestimmt werden soll, das ist alles nur so schlagwortartig, genaue Erklärungen fehlen da meistens . . .“

Solchen und weiteren Ausführungen ist zu entnehmen, daß Mitbestimmung beginnt, im Sinne einer Leer-Formel gebraucht zu werden, dadurch wird sie ideologisch, nicht aber pragmatisch praktikabel.

(2) Spezielle, arbeitsplatzbezogene Defizite

Einen wesentlich höheren Konkretheitsgrad erreichen die offenen Fragen von Arbeitern an das eigene Unternehmen, in dem man beschäftigt ist, oder an seinen Unternehmer. Dabei gehen die Arbeiter vielfach von einem nicht befriedigenden Ist-Zustand aus, der sowohl durch Vorurteile geprägt, als auch in der Unverständlichkeit vermittelter Informationen und in tatsächlichen Versäumnissen des praktizierten Informationsverhaltens begründet sein kann. Viele Arbeiter gehen von der Grundannahme aus, der Unternehmer informiere jeweils nur minimal; man äußert den Eindruck, Informationen bewußt vorenthalten zu bekommen, erlebt sich in einem Zustand des Wissens-Defizites und erfüllt damit die Bedingungen für die Entwicklung, Weitergabe und auch Aufnahme von Gerüchten: „. . . vom Unternehmen bekommt man ganz wenig Informationen, die sagen meist nicht viel, nur das Allernötigste, da muß man lange bohren, bis man überhaupt was erfährt . . . auf keinen Fall wird man ausreichend informiert . . . hängen meist um alle Sachen ein schönes Mäntelchen herum . . . wenn Unternehmer etwas sagen, dann sagen sie nicht die Wahrheit . . . unter dem, was gesagt wird, kann sich ein Arbeiter nicht viel vorstellen, das klingt oft alles recht dunkel und unklar . . ."

Auf dem Hintergrund des geschilderten Bewertungssystems wird dann eine Unterscheidung nach solchen Themen vorgenommen, über die Unternehmen – wenn überhaupt – vorwiegend informieren, und solchen, die als Informationswünsche offen bleiben.

Als bevorzugte Informationsthemen von Unternehmen wie Unternehmern werden, kurz zusammengefaßt, genannt:

Ansporn zu mehr Leistung,
Klagen über die Lohnkosten,
Klagen über die wirtschaftliche Situation des Unternehmens,
Informationen über Nebensächlichkeiten,
Angaben über Personalveränderungen,
Informationen über die allgemeine Betriebsorganisation,
Informationen über Unfallschutz, Unfallverhütung.

Diesem mit relativ geringem Interesse besetzten Informationskatalog stehen nun aber – und dies ist in vorstehendem Zusammenhang von exemplarischem Interesse – unbefriedigte Informationswünsche, also erlebtes Nichtwissen (Leer-Räume) in folgenden Bereichen gegenüber:

(1) Die wirtschaftliche Lage des Betriebes

„. . . sollten über die wirtschaftliche Lage des Betriebs informieren, damit man daraus auf die Sicherheit des Arbeitsplatzes schließen kann, die wirtschaftliche Lage der ganzen Branche ist interessant, der Arbeiter hätte dann mehr Information und mehr Vertrauen, würde von sich aus in einer kritischen Lage auch mehr Einsatz bringen, man sollte frühzeitig Bescheid wissen, wenn es dem Betrieb einmal schlecht geht, damit man sich entsprechend anders entscheiden kann, man muß wissen, wie man dran ist, ob der Arbeitsplatz sicher ist, welche Ausbaumöglichkeiten noch bestehen, man kann von da aus auch auf die Zukunftaussichten schließen . . ."

(2) Die verständliche und ehrliche Bilanz
Der Unternehmer-Gewinn

„. . . die sollten endlich einmal ehrlich und deutlich über die Einnahmen der Firma sprechen, sollten uns über Umsatz- und Verdienstspanne informieren, über die Gewinnausschüttung und Gewinnverteilung, damit man sieht, wo das ganze Geld, das wir verdienen, bleibt, sollten ihre Bilanz wirklich offenlegen und erklären, ich möchte doch wissen, was der Betrieb so verdient, wo das alles hinfließt, sollten endlich mal den Vorhang runterlassen und zeigen, was sie wirklich verdienen . . ."

„. . . sollten über ihre Investitionen berichten, damit man weiß, welche Gelder im Betrieb bleiben und was persönlich eingesteckt wird, sollten ihre Finanzen offenlegen, sollten endlich nicht mehr so geheimnisvoll tun . . .“

Weitere Informationswünsche

(3) Die Rechte des Arbeitnehmers
(4) Fortbildungsmöglichkeiten und deren Bedeutsamkeit für die eigene berufliche Weiterentwicklung
(5) Leistungssteigerungen: Möglichkeiten und Realitäten
(6) Möglichkeiten zur Mitbestimmung

Die Frage nach Informationsdefiziten, gestellt an Arbeiterinnen, erbringt demgegenüber ein verändertes Bild; im wesentlichen werden drei Problembereiche angeschnitten:

(1) Lohnfragen

„. . . die sollten uns mitteilen, was wir leisten, was wir umsetzen und in welchem Verhältnis dazu der ausbezahlte Lohn steht, damit man selbst entscheiden kann, ob man unterbezahlt ist oder nicht; man sollte darüber informiert werden, wie hoch die Löhne allgemein und die Verkaufspreise sind, solange man nicht weiß, wie hoch der Unternehmerprofit ist, solange ist man immer skeptisch und glaubt immer, daß die Arbeitgeber sehr viel Gewinn machen; wenn man uns glaubwürdig schildern würde, wie das Verhältnis zwischen Lohn und Preis ist, dann gäbe es vielleicht nicht mehr soviel Unzufriedenheit und soviel Mißtrauen gegenüber dem Unternehmer . . .“

(2) Fragen im Krankheits- und Sterbefall:

„. . . die sollten mehr Informationen liefern, wie man sich im Krankheitsfall verhalten soll, inwieweit man zum Beispiel berechtigt ist, während der Arbeitszeit zum Arzt zu gehen, in welchen Fällen man eine Kur vom Arbeitgeber bezahlt bekommt, wann man vom Chef frei bekommt im Sterbefall, bei welchen Familienangehörigen bekommt man den Beerdigungstag bezahlt . . ."

(3) Aufklärung in Urlaubsfragen

„. . . man sollte mehr über den Urlaub wissen, kann man sich zum Beispiel ausschließen, wenn die Firma Betriebsurlaub macht, kann man seine zwanzig Tage Urlaub beliebig nehmen, oder muß man sie hintereinander bzw. zusammen nehmen, kann man seinen Urlaub aufteilen auf mehrere Male, wann bekommt man Urlaubsgeld . . ."

Beispiel II: Informationsdefizite bei Aktionären

Es ist schon darauf hingewiesen worden, daß zum Beispiel auch Inhaber von Aktien nur zum Teil Bilanzen lesen können. Veröffentlichte Bilanzen müssen also für viele, weil sie nicht verstanden werden, als Informationsdefizit erlebt werden. So können sie sich zu einer Quelle für Gerücht- und Vorurteilsbildung entwickeln. Nun haben sich zweifellos in den Jahren seit 1970 die Geschäftsberichte großer Unternehmen deutlich gewandelt. Noch vor dieser Zeit wurden Umfragen bei Aktionären durchgeführt, die vorhandene Informationsdefizite in Form von Informationserwartungen sichtbar machen konnten. Zusammengefaßt ergeben sich dabei Defiziterlebnisse in bezug auf:

Die mittel- und langfristige Unternehmenskonzeption:

Investitionsprogramm und -begründung,

Das Unternehmen und seine Konkurrenz: Selbst- und Fremdentwicklungen,

Die klare Darstellung nicht nur von Erfolgen, sondern auch von Mißerfolgen und die Gründe dafür,

Trendentwicklung des Unternehmens,

Forschung und Entwicklung zukunftsträchtiger Entwicklungen,

Grundsätze der Dividenden-Politik,

Die Konzern-Struktur: Verflechtungen: Notwendigkeiten.

Die angeführten Beispiele erlebter Informationsdefizite ließen sich aus den verschiedensten Bereichen noch erheblich erweitern. Für unser Problemverständnis genügt es aber zu erkennen, daß es neben jenen Leer-Räumen, die nicht als solche ohne weiteres bewußt werden und daher automatisch naiv, auf dem Weg über Vorurteile mit Pseudowissen gefüllt werden, auch Leer-Räume des Nichtwissens gibt, die man selbst kennt und benennt. Wir können annehmen, daß sie in besonderem Maße Interessen-besetzt sind. Sollten allerdings auf die sicherlich gruppenspezifisch (vgl. Arbeiter gegenüber Arbeiterinnen oder auch Aktionäre) unterschiedlichen Fragestellungen keine konkreten, sachgerechten und verständlichen Antworten gegeben werden, dann wirkt sich auch für diese Leer-Räume der bekannte Etikettierungszwang aus: ein unbefriedigender Spannungszustand findet seine Lösung im reichhaltigen Angebot der Vorurteile. Und – sollte man Vorurteile nicht haben und auch für wahr halten, wenn sie psychologische Spannung und Unsicherheit abbauen? Mit der Übernahme eines entsprechenden Vorurteils habe ich wieder einen Standpunkt, von dem aus ich mich mit Gleichgesinnten behaupten kann. Eine sozusagen falsch stabilisierte Umwelt ist immer noch besser als fortwährende Unsicherheit, Instabilität und fehlende Bezugssysteme. Auch „Machtergreifungen“ profitieren nicht unerheblich von Leer-Räumen, die verständlich zu füllen andere sich weigern.

Vorurteile

Der Begriff Vorurteil wurde im Verlauf der bish Ausführungen immer wieder erwähnt, verschiedentlich umschrieben, ein eigentlicher Definitionsversuch aber bewußt unterlassen. Auch jetzt soll keine eingehende Diskussion terminologischer Fragen erfolgen, da dies vor allem von theoretischem Interesse ist (vgl. dazu Bergler 1966; Bergler & Six 1972). Es soll also keine gezielte wissenschaftliche Auseinandersetzung mit Begriffen wie: Vorurteil, Einstellung, Attitüde, Stereotyp, Image, Meinung provoziert werden. Allerdings darf nicht verschwiegen werden, daß in der wissenschaftlichen Diskussion der Bedeutungsgehalt des Begriffs „Vorurteil" eine zunehmende Einengung erfuhr. Peters (1955; Seite 35 ff.) hat den heute weitgehend üblichen engen Vorurteilsbegriff klar gefaßt, wenn er Vorurteile als „eine ablehnende oder feindselige Stellungnahme gegen eine Person" ansieht, „die zu einer bestimmten Gruppe gehört, nur weil sie zu dieser Gruppe gehört und weil deshalb von ihr vorausgesetzt wird, daß sie die anfechtbaren Eigenschaften hat, welche dieser Gruppe zugeschrieben werden". Vorurteile in diesem Sinnverständnis sind also immer negative Urteile über Gruppen von Menschen, insbesondere Rassen und Nationen. Diese Einengung meint den Begriff „Vorurteil" im Titel dieses Buches nicht. Im Gegenteil, wir möchten hier auf die ursprüngliche Fassung dieses Begriffes zurückgreifen: Klineberg (1954) geht nämlich ebenso wie English und English (1958), aber zunächst auch Allport (1954) davon aus, daß Vorurteile sowohl eine negative wie aber auch positive Bewertungsdimension beinhalten können, und daß es sich dabei um alogische, erfahrungsmäßig nicht hinlänglich abgesicherte Verallgemeinerungen von großer zeitlicher Stabilität gegenüber Personen, Gruppen und Objekten handelt. Wir haben uns für den deutschen Begriff „Vorurteil" auch deshalb entschieden, weil er in sehr treffender Weise den Sachverhalt umschreibt, der eigentlich gemeint ist. Eine nicht uninteressante zusätzliche Unterscheidung hat dabei noch Allport (1954) eingeführt, wenn er zwischen „Voraus-Urteilen" als „vorläufigen Urteilen" und eigentlichen „Vorurteilen" unterscheidet. Von Vorurteilen soll nach dieser Sprachregelung nur dann gesprochen werden, wenn die zunächst einmal gefällten „Voraus-Urteile" auch beim Hinzukommen neuer Informationen und Erfahrungen, die eigentlich gegen das „Voraus-Urteil" sprechen, also eine Korrektur herbeiführen müßten, dies nicht tun. Lassen sich also „Voraus-Urteile" nicht mehr korrigieren – und dies tritt in mehr Fällen ein als uns lieb ist –, dann wird von Vorurteilen gesprochen. Unter diesem Blickwinkel bietet sich die Definition von Irle (1969; Seite 190) an, derzufolge es sich bei Vorurteilen um „sehr starre Attitüden" handelt, „die auch bei Kommunikation neuer Informationen über den bezogenen Sachverhalt in der Umwelt aufrechterhalten werden". Als Gegenstand von Vorurteilen in dem hier verstandenen Sinne wollen wir also nicht nur negative Merkmale und Eigenschaften verstehen, die wir Völkern, ethnischen Gruppen und irgendwelchen Minderheiten zusprechen, sondern fassen darunter auch alle unbegründeten, nur durch Minimalinformationen abgesicherten, „Urteile" über andere Menschen, Objekte, Institutionen, Produkte, Beziehungs- und Bedeutungszusammenhänge. Dadurch umgreifen wir mit diesem Begriff die Vielfalt unseres naiven, alltäglichen und selbstverständlichen Urteilsverhaltens. Wir wollen aber nicht von den mehr oder weniger spektakulären Vorurteilen über andere Völker handeln – so sehr dies auch in Verbindung mit der Psychologie internationaler Konflikte von Bedeutung ist (vgl. dazu Schäfer 1975), sondern von der universellen Betroffenheit jedes Menschen (unabhängig von seinen demographischen Merkmalen) mit Vorurteilen überhaupt. Keiner kann sagen, er habe solche Vorurteile nicht. Solange Menschen naives Verhalten aus psychooekonomischen Gründen praktizieren müssen und aus vital-gefühlsmäßigen auch erleben möchten, und unabhängig davon, ob diese Prozesse bewußt oder unbewußt ablaufen, werden Vorurteile einen breiten Raum in ihrer Lebenswirklichkeit ausmachen. Menschen unterscheiden sich bei dieser Problemsicht nicht nach dem Volumen ihrer Vorurteile, also dem Mehr oder Weniger an Vorurteilen, sondern nur nach gemeinsamen und speziellen Bereichen ihrer Vorurteile, ihres naiven Verhaltens. Schon die Unterschiedlichkcit unserer beruflichen Ausbildung verhindert, daß jedermann im gleichen Bereich Fachkenntnisse und -fähigkeiten wie Fertigkeiten besitzt. Man kann mit Sicherheit davon ausgehen, daß jener Minimalausschnitt der Wirklichkeit, der dem einzelnen als „objektive Realität“ zugänglich ist, für alle übrigen bereits wiederum nur naiv auf dem Wege vielfach unbemerkter Vorurteile bewältigt werden kann. Die Verneinung dieses Sachverhaltes ist bereits selbst wieder ein neues Vorurteil im Dienste der Selbstverteidigung gegenüber Bildungs- und anderen Normen.

Wenn, wie an den verschiedensten Stellen dargestellt, der Gebrauch von Vorurteilen eine weitgehend unbewußt automatisch ablaufende, liebgewonnene Gewohnheit darstellt und dies, obwohl eine Reihe solcher Vorurteile destruktiver Natur sind, also Konflikt- und auch Vernichtungstendenzen beinhalten, dann müssen Vorurteile in unserem seelischen Haushalt auch ganz bestimmte Funktionen erfüllen. Von solchen Funktionen, aber auch den bei der Vorurteilsbildung wirksamen Mechanismen soll im folgenden die Rede sein.

Was Vorurteile leisten

Seit Katz (1960) hat man sich daran gewöhnt, vier Funktionen der Vorurteile zu unterscheiden: (1) Wissen (knowledge – function); (2) Anpassung (adaptive, adjustment, utilitarianfunction); (3) Selbstdarstellung (value expressive oder self-realizing function); (4) Selbstbehauptung (ego-defensive function).

Wissen

Diese Funktion ist in den Überlegungen zu den Leer-Räumen – die ja Grundlage für die Auslösung und Etablierung von Vorurteilen sind – bereits deutlich geworden. Die anscheinend besonders weit verbreitete Unfähigkeit, Nichtwissen, also Leer-Räume zuzugeben, veranlaßt uns immer wieder, zu Vorurteilen und Meinungen Zuflucht zu nehmen. Ganz entsprechend verlaufen auch die Prozesse im Falle einer unbewußten Wahrnehmung solcher Leer-Räume. Diese Wissens-Funktion von Vorurteilen kommt auch darin zum Ausdruck, daß sie sich weitgehend in rationale und analytische Urteile kleiden. Wenn wir einen anderen Menschen beurteilen, dann reden wir ja nicht von unserem

Voraus- oder Vorurteil, sondern wir leben doch im Glauben, daß solche Aussagen zwar von Eindrücken ausgelöst, aber letztlich doch das Ergebnis individueller Überlegungen und Denkprozesse seien.

Gerade naives Verhalten lebt von der erlebnismäßigen Individualität, also davon, daß sich ein Ich als Autor für ein an sich nicht von ihm stammendes Erzeugnis ausgibt. Aber kehren wir nochmals zur Ausgangslage zurück: Gehlen (1949, Seite 13 f.) umschreibt den Sachverhalt der Leer-Räume in sinngemäß übereinstimmender Weise, wenn er davon spricht, daß jedermann in irgendeiner Beziehung in die verschiedensten unüberschaubaren Systeme eingebaut ist und deshalb „den gewaltigen Leer-Raum zwischen dem, was er tut, und dem, wovon er abhängt, mit pseudo-rationalen Phantasmen und überforderten, überreizten Gefühlen ausfüllen" wird, „die kein konkretes Handeln mehr ausdrücken kann. Sie können nicht anders, als einfach sein, denn nur die reelle Empirie differenziert, auch im Moralischen. So ergeben sich Monokulturen von Schlagworten und auch . . . die merkwürdige Herabsetzung des Sinnes für die Wirklichkeit". Auch wenn man die hier anklingende emotionale Dramatisierung etwas zurücknimmt, bleibt doch der Grundsachverhalt bestehen: Wir lieben Vorurteile, weil sie Wissensfunktion erfüllen. Vorurteile (Einstellungen) als Orientierungs- und Steuerungsprogramme unseres naiven Verhaltens haben für die Bewältigung einer uns objektiv nicht zugänglichen Um- und Mitwelt einen mehrfachen Wert, indem sie folgenden Anforderungen als „Wissens-Ersatz" gerecht werden: Sie definieren, differenzieren, strukturieren, erklären in vereinfachter Form auf der Basis von wenigen Ausgangsinformationen ein Universum des Unverständlichen und Unüberschaubaren. Ihre Funktion der emotionalen und/oder pseudorationalen Bewältigung führt zu einer Ordnung („Kategorisierung") der Wirklichkeit und entlastet damit von der Ungewißheit. Die Welt wird verstehbar. Diese Stabilisierung hat zur Folge, daß Umweltgegebenheiten entsprechend vorhandenen Vorurteilssystemen wahrgenommen oder die objektiven Daten uminterpretiert werden.

Anpassung

Vorurteile, Meinungen und Einstellungen unseres naiven Verhaltens aber sind keine individuellen Erfindunden, die sich jeder einzelne immer dann, wenn er wieder einem Leer-Raum oder einer Wissenslücke begegnet, zurechtbastelt. Wäre das so, dann wäre praktisch jedes Vorurteil ein individuelles; kein Mensch hätte mit einem anderen gemeinsame Vorurteile. Unabhängig davon, daß die Liebe zu unseren Vorurteilen sicherlich bald nicht mehr so groß wäre, wenn wir sie nicht mit Gleichgesinnten teilten, ist die Entwicklung und Ausbildung von Vorurteilen doch entscheidend ein Lernprozeß der alltäglichen sozialen Wechselwirkung in den verschiedensten Gruppen, denen wir angehören.

Wie wir gesehen haben, bezieht sich ein nicht unwesentlicher Teil unserer Vorurteile auf Personen und Sachverhalte, also Meinungsgegenstände, denen wir in der Wirklichkeit überhaupt nicht oder nur selten begegnen. Die Bildung von Vorurteilen ist deshalb nicht notwendigerweise an eine direkte Begegnung gebunden. Erfahrung ist keine unabdingbare Voraussetzung.

So wie sie sind, bilden sich Vorurteile in Gruppen mit teilweise ähnlicher Lernbiographie aus. Man entwickelt in seiner eigenen Bezugsgruppe in einem fortgesetzten Prozeß der Wechselwirkung einen Schatz von Vorurteilen, der gleichsam auf Abruf zur Verfügung steht. Ja, es müssen identische Vorurteile vorhanden sein, damit Gruppen Bestand haben. Auch mitmenschliche Verständigung braucht gemeinsame Bezugssysteme, Fixpunkte. Konkurrierende Gruppen haben mit hoher Wahrscheinlichkeit in bezug auf ein und denselben Meinungsgegenstand qualitativ voneinander abweichende Vorurteile. Es läßt sich sogar eine Art Mechanismus aufzeigen, der bewirkt, daß Vorurteile konkurrierender Gruppen nach maximaler Unähnlichkeit streben. Man will sich nicht annähern, sondern distanzieren. Die Liebe zu den eigenen Vorurteilen ist auch ein Ausdruck der Liebe, der Zuneigung der psychologischen Ähnlichkeit mit der eigenen Bezugsgruppe. Die Ablehnung, Feindschaft, Unähnlichkeit gegenüber Fremdgruppen findet in der Andersartigkeit der Vorurteilssysteme ihren Niederschlag. Debatten bewegen sich auf der Ebene von Vorurteilen, Diskussionen auf der von Vorausurteilen. Wenn Vorurteile das Ergebnis von Gruppenprozessen auch im Interesse der Förderung des Binnenkontaktes der Gruppenmitglieder sind, dann wird auch verständlich, warum man von einer Anpassungsfunktion spricht, die wechselseitige Verständigung und Bestätigung erst möglich macht. Je mehr ich mich bewußt oder unbewußt mit einschlägigen Meinungen und Vorurteilen identifiziere, mich ihnen nähere und sie als die eigenen ausgebe, um so günstiger verlaufen die Anpassungsprozesse an die Gruppe. Die Gleichheit eines Vorurteilssystems vermindert „in-group"-Konflikte, führt aber gleichzeitig zur Entfremdung gegenüber „out-groups". Die große Geschlossenheit maoistisch-politischer Gruppierungen ist bei zusätzlich gegebener zahlenmäßiger Beschränktheit nicht zuletzt Ausdruck eines zentralen homogenen Vorurteilssystems. Da haben es große Parteien schon schwerer, homogene Vorurteilssysteme über alle Mitglieder hinweg zu etablieren. Die Aufteilung von Parteien in psychologische Subgruppen ist immer gleichzeitig auch ein Prozeß der Entwicklung qualitativ unterschiedlicher Vorurteile gegenüber ein und demselben Meinungsgegenstand. Man denke nur an das Thema Investitionslenkung mit Verstaatlichung bei der SPD und jenem der Mitbestimmung oder auch der Ostpolitik bei der CDU oder CSU. Wie schwierig hier Anpassungsprozesse bei relativ heterogenen Vorurteilen sind, lehrt die alltägliche Praxis.

Da sich – wie noch zu zeigen sein wird – Vorurteile wiederum in übergeordnete, abstraktere einfügen lassen, müssen diese die Verbindung von möglicherweise Widersprüchlichem zuwegebringen. Nun sind Vorurteile nicht logisch, deshalb lassen sich selbst objektive Widersprüche durch Vereinfachung – also Vorurteile – lösen. Es mag als störend empfunden werden, daß im Zusammenhang mit Parteien so betont von Vorurteilen gesprochen wurde. Nun möchten wir nicht behaupten, daß Gruppen einzig und allein auf der Basis von Vorurteilen miteinander reden oder streiten. Verständigung ist nicht nur durch homogene Einstellungen und Vorurteile möglich, sondern natürlich auch auf Grund objektiver Sachverhalte. Es wäre lohnend, politische und unternehmensbezogene Entscheidungsprozesse einmal daraufhin zu untersuchen, wie stark Vorurteile mitbeteiligt waren.

Wir sind davon ausgegangen, daß Meinungen wie Vorurteile nicht ohne soziale Mithilfe und Bestätigung entstehen und beibehalten werden. Wir lieben unsere Vorurteile, weil sie uns nicht nur kognitive, sondern auch soziale Stabilität gewährleisten.

Selbstdarstellung

Vorurteile (Einstellungen, Meinungen) sind – wie wir gesehen haben – Stabilisatoren unserer Umwelt. Wenn wir etwas nicht wissen, wenn Leer-Räume entstehen und damit die eigene Selbstsicherheit beeinträchtigt ist, dann erfolgt die Wiederherstellung des Gleichgewichtes durch Übernahme vereinfachter Erklärungen, also von Vorurteilen. Fehlt ein festes Bezugssystem, ein Standpunkt, von dem aus sich die Welt, und sei es auch nur scheinbar, wieder geordnet überblicken läßt, dann werden solche Bezugspunkte einfach geschaffen. Die persönliche Stabilisierung, die verständliche Verankerung der Umwelt im eigenen Weltbild, ist gleichbedeutend mit Prozessen der Dissonanzreduktion (vgl. u. a. Festinger 1957; 1964; Brehm und Cohen 1962; Irle 1975). Diese Verankerung ist erst dann geglückt, wenn im persönlichen Erleben Vorurteile, die ja an sich immer einer Gruppe von Menschen gemeinsam sind, so gebraucht werden, als ob sie das Resultat persönlicher Überlegungen und Einsichten wären (Aspekt der individuellen Transformation gruppenspezifischer Einstellungssysteme). Unser Verhalten ist gerade deshalb naiv, weil es automatisch und perfekt den großen Teil der Lebenswirklichkeit mit Hilfe von Vorurteilen bewältigt, ohne dies zu merken oder es sich womöglich einzugestehen.

Die alltägliche Umwelt läßt sich in einer Landkarte von Vorurteilen abbilden; Menschen mit der gleichen Landkarte finden sich in dieser ihrer gemeinsamen Umwelt auch zurecht, sie stimmen überein. Die weitgehend unbewußte Übernahme angebotener Vorurteile ist gleichbedeutend mit dem Aufbau der eigenen Lebenswirklichkeit und damit auch des eigenen Selbstbildes. Wir haben an verschiedenen Stellen bereits zeigen können, daß auch Selbstwahrnehmung und Selbstbeurteilung das Resultat eines Prozesses der Vorurteilsbildung sind. Wer sich selbst beurteilt, sieht sich nicht nur in seinem Verhalten, er bezieht in das Urteil auch die verbal wie non-verbal erfahrene Bewertung durch andere mit ein. Das eigene Ich, das Selbst, wird uns in einem solchen fortgesetzten sozialen Wechselwirkungsprozeß zu einem festen System von Eigenschaften. Die Standpunkte und Bezugssysteme, von denen aus wir handeln und das Verhalten der Umwelt messen und beurteilen, sind gleichbedeutend mit den erlernten Programmen der „Selbstdarstellung". Ein Selbstverständnis wie eine Selbstdarstellung ohne solche Systeme – und der größte Teil von ihnen ist eben Vorurteil und nicht objektive Realität – ist psychologisch nicht möglich. Wir sind von ihnen abhängig, um uns selbst als Bezugspunkt darstellen zu können. Selbstdarstellung, in dem hier verstanden Sinne, ist aber nicht nur Notwendigkeit, sondern auch Rollenspiel. Dazu benötigen wir die Textbücher unserer auf uns selbst bezogenen Vorurteile. Überrascht es da noch, wenn wir unsere Vorurteile in dem Glauben lieben, als handele es sich um Wissen, das wir nach außen zur Darstellung bringen? Wir lieben also unsere Vorurteile auch, weil sie im Dienst unserer Selbstprofilierung stehen. Dieser Wunsch nach Selbstprofilierung kann sich natürlich auch noch anderer Vehikel bedienen, von denen das Auto nur eines ist. Man hat ja schließlich sein „Vorstellungsbild", sein „Vorurteil" darüber, wie man sein, wie man sich selbstdarstellen und selbstverwirklichen möchte (und sei es mit Hilfe des Schneiders, des Friseurs oder kosmetischer Künste) und wie man von anderen gesehen werden will.

Selbstbehauptung

Haben wir erst einmal die erwähnten Standorte für die eigene Erlebnis- und Wahrnehmungswelt gefunden, dann findet gleichsam mit der Stabilisierung der Umwelt die Verfestigung der Vorurteile statt: Weil Vorurteile im Sinne Thomae's (1955; Seite 67) Verfestigungen „bestimmter Wirkschemata als Inbegriffe der Begegnung und Verarbeitung der Welt" sind, können sie zeitlich und damit situationsüberdauernd wirken. Einmal entstanden, sind sie nicht mehr so ohne weiteres zu beseitigen, sondern – das war in Verbindung mit ihrer Definition schon angeführt worden – äußerst widerstandsfähig, sogar gegenüber solchen Erkenntnissen, die eigentlich die Unrichtigkeit des eigenen Standpunktes zwingend nachweisen. Der Mechanismus funktioniert so gut, daß man sich dieser, die eigene Stabilität mindestens vorübergehend gefährdenden Verunsicherung erst gar nicht aussetzt. Vorurteile sind eine Art Schützengraben, von dem aus wir die mühevoll erreichte Stabilität verteidigen. Das Selbst wird also nicht nur dargestellt, sondern auch behauptet. Haben wir uns erst einmal auf die Linie unserer Vorurteile, die wir weitgehend als echte Erfahrung und Wissen ausgeben, zurückgezogen und werden wir nun anderen Informationen, zum Beispiel diametral entgegengesetzten Vorurteilen ausgesetzt, dann verhindert die angeführte Selbstbehauptungsfunktion weitgehend die Entwicklung unerwünschter Bedürfnisse und die Aufnahme und Beachtung von Informationen, die mit den eigenen Vorurteilen nicht konform gehen. Weil nicht sein kann, was nicht sein darf, wird Einsicht und Erkenntnis verhindert. Ja, es kommt noch viel schlimmer: So verweist die Sozialpsychologie in diesem Zusammenhang auf den sogenannten Bumerang-Effekt, der vor allem unter dem Aspekt der Voraussetzungen möglicher Einstellungsänderungen zu sehen ist (vgl. dazu auch Cranach, Irle, Vetter 1965). Er ist immer dann wirksam, wenn Informationen an einen Empfänger gelangen, die seinen eigenen wertverankerten Meinungen und Vorurteilen diametral entgegenstehen, wenn eben diese Meinungen nicht im Sinne der neuen und möglicherweise sogar der objektiv richtigen Information verändert, in echtes Wissen aufgelöst werden, sondern ganz im Gegenteil eine noch weitere Verfestigung des ursprünglichen Vorurteils stattfindet. Mazis (1973) und seine Mitarbeiter haben in einer Untersuchung über die Wirkung des Verbots phosphathaltiger Waschmittel in verschiedenen Regionen der Vereinigten Staaten von Amerika folgenden spezifischen Bumerang-Effekt nachgewiesen: Bei Konsumenten in Miami, die durch ein gesetzliches Verbot am Einkauf solcher Waschmittel gehindert wurden, stieg die positive Einstellung gegenüber diesen Produkten an. Verbietet man also Leuten, die positiv über phosphathaltige Waschmittel denken, ihre bevorzugten Marken, dann bewirkt ein Verbot aus Gründen des Umweltschutzes nicht einen Abbau der positiven Vorurteile, sondern ganz im Gegenteil eine Verstärkung, das heißt, eine noch größere positive Gesamtbewertung. Diese Reaktion wird so erklärt: Ein solches

Verbot wird unabhängig von dem, was es verbietet, als Einschränkung der persönlichen Wahlfreiheit erlebt und damit für einen Menschen von zentraler erlebnismäßiger Bedeutung. Werden zentrale Wertvorstellungen direkt attackiert, dann verfestigen sich die Ansichten, die man eigentlich mit den ergriffenen Maßnahmen überwinden wollte. Es ist nicht uninteressant anzumerken, daß in den Regionen der USA, wo es dieses gesetzliche Verbot nicht gab und nur entsprechende Informationen über mögliche Umwelt-Schädigungen verständlich und konsequent verbreitet wurden, ein allmählicher Rückgang der positiven Bewertungen phosphathaltiger Waschmittel einsetzte. Vorurteile, vor allem, wenn sie mit bestimmten Wertvorstellungen in Verbindung stehen, behaupten sich also weitgehend mit großem Erfolg. Sie führen dadurch zu einer spezifischen Verarbeitung möglicher Konflikte im Sinne – und hier könnte man eine Anleihe bei der Psychoanalyse machen – der Verdrängung oder auch der Kompensation. Natürlich handelt es sich hier um Konfliktlösungen, die einen einmal eingenommenen persönlichen Standpunkt erhalten sollen (vgl. dazu unter anderem Katz und Stotland 1955; Smith et al. 1956; Sarnoff 1960).

Alles in allem dürften die dargestellten Zusammenhänge deutlich machen, daß Vorurteile eine wesentliche Rolle in der Verteidigung und Behauptung eigener Positionen leisten: Konflikte aus Selbstverunsicherung werden dadurch vermeidbar, ohne allerdings Einsicht und Verständnis für Fremdgruppen zu wecken oder gar zu fördern. Daß Vorurteile, die unserer persönlichen Konstanz und Sicherheit dienen, nicht nur praktiziert, sondern auch geliebt werden, sei hier nur noch einmal wiederholt. Beobachten können wir es tagtäglich an uns selbst, an vielen Debattenrednern in Parlamenten, Verbänden, aber auch in Unternehmungen und selbst in Gremien, wo die sogenannten ordentlichen Professoren noch die Mehrheit haben. Hier wiederholen sich von einem gewissen Zeitpunkt an die Argumente mit fast den gleichen Worten; diese vom Redner unbemerkte Wiederholung ist ein deutliches Anzeichen für die Wirksamkeit von Vorurteilen, ohne daß dies aber dem einzelnen bewußt wird. Haben sich Vorurteile erst einmal etabliert, dann folgen sie einer häufig geradezu zwanghaft anmutenden geistlosen Automatik. Sie sind aber häufig so bildhaft, daß ihre pseudorationale Struktur gar nicht auffällt, anders gewendet: Die Selbstbehauptungsfunktion von Vorurteilen bewahrt uns vor deren Entmythologisierung und bekräftigt auch dort unser liebgewonnenes naives Verhalten, wo es eigentlich nicht unterstützt werden dürfte, z. B. im Interesse der Lösung von Konflikten zwischen Gruppen.

Sicherlich sind die dargestellten möglichen Funktionen von Vorurteilen nicht voneinander unabhängig. Bei jedem Menschen können alle Funktionen wirksam sein. Welche gerade zum Einsatz kommt ist allerdings abhängig von der Situation, vom Gegenstand und der jeweiligen persönlichen Bedeutsamkeit.

Wie Vorurteile wirken

Im Prozeß der Vorurteilsbildung sind eine Reihe von „Mechanismen“ wirksam, die im folgenden dargestellt und veranschaulicht werden sollen:

Vereinfachen

Vorurteile, das war schon erörtert worden, überbrükken Leer-Räume des Nicht-Wissens, Nicht-Verstehens, aber auch des Unverständlichen durch Formeln, durch Vereinfachung. Vorurteile sind also das Resultat einer objektiv problematischen, subjektiv aber notwendigen Vereinfachung der tatsächlichen Reizvielfalt. „Alle diese Einrichtungen arbeiten im Sinne der Vereinfachung, also der Überschätzung des Ordnungsgrades der Realität, und das ist für ein Wesen von so hoher potentieller Reizzugänglichkeit, wie der Mensch es ist, und das sich andererseits doch dauernd zum Handeln entschließen muß, offenbar lebenswichtig. Schematisierte Vorstellungen von Sachverhalten und Kausalzusammenhängen, und seien sie aberglaubhaft, haben weiterhin noch einen Entlastungswert, indem sie uns der Spannung, des Schwankens, der Ungewißheit und Unsicherheit entheben und weil ihre Überprägnanz uns erspart, sie der wirklichen Erfahrung auszusetzen, die wahrscheinlich gegenvotieren würde –, eben deshalb machen sie – die Vorurteile – eine klare Stellungnahme möglich“ (Gehlen 1957, Seite 48).

Dieser Mechanismus der Vereinfachung, den man auch als typologisierende Reizreduktion bezeichnen kann, läßt sich jederzeit experimentell nachweisen. Wir wählen ein Experiment mit Flaschenformen. Es gibt, wovon sich jedermann täglich überzeugen kann, eine Vielzahl von Flaschenformen, die als Verpackungen immer auch eine je spezifische Etikettierung aufweisen. Um den Mechanismus der Vereinfachung zu verdeutlichen, haben wir 100 verschiedene Flaschen von ihren Etiketten befreit, so daß wirklich reine Flaschenformen vorlagen, die sich von ähnlich bis unähnlich ordnen ließen. Unabhängig nun, ob Fachmann oder Laie – und dies zeigen kurzfristig vorgeführte Flaschenpaare, die auf Gleichheit oder Ungleichheit zu testen waren – wird die objektive Realität, nämlich 100 Flaschen, von denen jede eine andere Form hat, zu sieben bis neun Typen zusammengefaßt, das heißt, statt 100 verschiedener Flaschenformen werden im naiven Verhalten nur sieben bis neun unterschieden: Die Wirklichkeit ist vereinfacht und damit gleichzeitig überschaubar geworden. Man kann diesen Vereinfachungsprozeß auch noch anders nachweisen, indem man die Frage nach subjektiv unterscheidbaren Flaschenformen stellt. Das Ergebnis ist die folgende Typologie, die jeder an sich selbst nachprüfen kann (vgl. Abb. 10 und 11).

Der Mechanismus der Vereinfachung bewirkt also, daß die Vielfalt von Reizen jeweils nach ungefährer Ähnlichkeit geordnet und zu einem Typ mit nicht unwesentlichen Toleranzgrenzen zusammengefaßt wird. Sieht man diesen Prozeß einmal in Verbindung mit Kaufentscheidungen, dann muß gesagt werden, daß die – vereinfacht ausgedrückt – dem menschlichen „Kaufentscheidungszentrum" zugeführten Informationen nicht die sensorisch möglichen sind. Vielmehr werden die ankommenden Reize einem massiven Auswahl- und damit Vereinfachungsverfahren unterworfen. Dieser Vereinfachungsprozeß läßt sich nun praktisch in allen Lebensbereichen nachweisen. Ein klassisches Beispiel ist der hohe Bedarf nach psychologischen Typologien. Jeder Mensch verfügt über eine Typologie, mit der er glaubt, die unüberschaubare Vielfalt menschlicher Erscheinungs- und Verhaltensweisen richtig zusammenfassen zu können. So macht er sich die mitmenschliche Umwelt gleichsam praktikabel: Unüberschaubare Vielfalt wird durch typologische Reduktion überschaubar gemacht. Daß die Möglichkeiten zur eigenständigen Typisierung zum Beispiel von Frauen begrenzt sind, konnten wir selbst empirisch nachweisen (vgl. Bergler 1966). Eigentlich benötigen wir für solche Feststellungen die Wissenschaft überhaupt nicht. Wir müssen uns nur selbst die Frage beantworten, welche Typen wir bei unseren Mitmenschen unterscheiden und wo wir uns selbst einordnen. Für die einen sind die Tierkreiszeichen bestimmend, für die anderen gibt es Intro- und Extravertierte und für die Dritten schlicht Dicke und Dünne. Nicht die Anzahl möglicher Typologien ist beschränkt, sondern die innerhalb einer Typologie unterschiedenen Einzeltypen. Es hat sich also gezeigt: Vorurteile sind das Resultat von Vereinfachungsprozessen, welche die Umwelt überschaubar machen und so Verhaltenssicherheit gewährleisten.

Verdeutlichen

Es war schon kurz erwähnt worden: Der Prozeß der Vereinfachung läuft parallel mit einem solchen der Verdeutlichung. Vorurteile sind immer prägnant. Man kann sich dies sehr schön an Karikaturen vergegenwärtigen, die um so eindrucksvoller sind, je einfacher und deutlicher sie auf den scheinbar wesentlichen zentralen Schlüsselreiz abstellen. Völker, Menschen, Objekte und Beziehungen werden in typologischer Überverdeutlichung dargestellt und gespeichert. Nicht die Nuance interessiert, sondern die Charakterisierung in Extremen. Die Typen müssen möglichst weit voneinander entfernt sein. Vorurteile leben von der Polarisierung, von dem, was die Psychologen Interklassen-Differenz

Abb. 10

	Flaschenformengruppe A	B	C	D	E	F	G	S
Flaschen-typ	deutsche Weinbrandflasche	Schwarzwälder Kirschflasche	französische Weinbrandflasche	Boonekamp	Typ Cointreau	Korn	Steinhäger	Sondergruppe
Form-merkmale (nach spontanen Aussagen der Befragten)	normal, rund, gleichmäßig hochgehend, längerer verlaufender Hals, Normalflasche	eckig, (viereckig), auch mit abgerun-deten Kanten, etwas längerer Hals, mit besonderen Verzierungen, Riffelungen, etc.	dickbauchig, gedrungen, mit sehr langem Hals	rund, mit langem, abgesetztem Hals, Annäherung an Normalflasche	Vierkantflasche mit abgerundeten Kanten, gestaucht, dickbauchig, mit ganz kurzem Hals	eckig, hochgezogener Flaschenkörper, mit kurzem Hals, abgerundeten Kanten	rund, walzenförmig, hochgezogener Flaschenkörper, kurzer Hals, z. T. mit Verzierungen	vermischte Formen, jede hat etwas Besonders,
Produkt-spezifitäten (nach spontanen Aussagen der Befragten)	Weinbrand, Weine, Säfte	klare Getränke, Schwarzwälder Kirsch, Himbeergeist etc., Liköre	Likör, französischer Cognac	Likör, (Eierlikör) Weinbrand, Säfte	Likör	Korn, harte Getränke	Korn, harte Getränke	Wodka, Korn
Zuordnung von Getränken	Weißwein, Traubensaft, Apfelsaft, Obstsaft, Rotwein, Cognac, Apfelwein, Most, Beerenwein, Himbeersaft, Fruchtsaft, Weinbrand	Likör, Kirschwasser, Birnenschnaps, Orangenlikör, Zwetschgenwasser, Himbeergeist, Pfefferminzlikör, Wacholder	Likör, Cognac, Kirschlikör, Fruchtlikör, Orangenlikör, Weinbrand, Sherry, Portwein	Eierlikör, Aperitif, Sirup, Wermut, Rum, Essig, Beerenwein	Likör, Magenbitter, Whisky, Kirschlikör, Orangenlikör, Pfefferminzlikör, Sherry	Korn, Schnaps, Likör, Kümmel, Wacholder, Himbeergeist, Slibowitz, Wodka, Kirschwasser	Korn, Schnaps, Kümmel, Wacholder	Wodka, Birnenschnaps, Zwetschgenwasser

Abb. 11

So sieht die Flaschentypologie aus

(vgl. Irle 1975) nennen. Daß hier immer verzerrt und überzeichnet wird, zeigt in geradezu schon klassischer Weise die Einordnung der demokratischen Parteien nach dem Links-Rechts-Schema. Die prägnante Positionierung der Parteien auf dieser ideologischen Polarität genügt im naiven Verhalten – und dies gilt in diesem speziellen Falle bedauerlicherweise auch für eine Vielzahl von Politikern – eigentlich vollständig, um konfliktträchtige Auseinandersetzungen in die Wege zu leiten. Differenzierteres und konkreteres Wissen würde die Diskussion intellektuell anstrengender machen und die Freude am Konflikt mindern. Konflikte leben von der karikierenden Polarisierung, nicht von der differenzierenden Analyse. Ein Unternehmen mit gutem Betriebsklima und vielen sozialen Extras bietet kaum einen geeigneten Konfliktstoff; dazu bedarf es der Polarisierung in „Kapitalistenschwein" und „Ausgebeutetem".

Der Konflikt lebt von der Annahme der Unversöhnlichkeit, der Gegensätzlichkeit der Standpunkte, die vom Voraus-Urteil geprägt sind. Wenn man überzeichnet, werden Ähnlichkeiten, Gemeinsamkeiten von vorneherein ausgeschlossen, statt eines Kompromisses bleibt nur Konfrontation. Das Problem der Verdeutlichung wird in der Wissenschaft vielfach unter dem Begriff der Prägnanz eines Vorurteils diskutiert (vgl. Bergler & Six 1972).

Verurteilen

Wer bei Meinungsverschiedenheiten überzeichnet, wer Vorurteile polarisiert, der bewirkt – so haben wir gesehen – Konfrontation. Die Auslösung von Konflikten ist aber nicht nur an die bloße Überzeichnung unterschiedlicher Positionen, sondern zusätzlich an deren wechselseitig unterschiedliche Bewertung gebunden. Es gibt keine wertfreien naiven Eindrucksbeurteilungen; jedes Vorurteil ist immer und gleichzeitig mit einem Vorzeichen versehen. Das Vorurteil wird zur Verurteilung und schafft den Konflikt.

Veranschaulichen läßt sich die Wirksamkeit eines solchen Mechanismus der Verurteilung an einer exemplarischen Aussage eines nicht der CDU bzw. CSU angehörenden Bundesbürgers über den Meinungsgegenstand „Jusos"; es heißt da: „. . . die mögen zwar manche gute Ideen gehabt haben, sind inzwischen aber zu einer bedrohlichen Macht geworden; man muß genau aufpassen, die müssen beobachtet werden, sonst bekommen die zuviel Einfluß überall, sie könnten bei zuviel eigener Machtposition gefährlich werden, sind ja alle äußerst links-extrem orientiert. Wohin so ein Übergewicht von Jusos führt, sieht man bei den ganzen Studentenunruhen, sie stehen in enger Verwandtschaft mit den linksgerichteten Studentenbewegungen und müssen deshalb vom Staat und von der Partei überwacht und im Griff gehalten werden . . ."

Daß in dieser Aussage eine Verurteilung enthalten ist, dürfte unmittelbar einsichtig sein. Darüber hinaus lassen sich aber auch die schon erörterten Mechanismen der Vereinfachung, der Überzeichnung, aber auch der Herstellung von Kausalzusammenhängen nachweisen. Die geschilderte persönliche Positionsbestimmung beinhaltet Abgrenzung gegenüber anderen in verständlicher Form. Vorurteile werden mit Absolutheitsanspruch vorgetragen; ihre Prägnanz erleichtert ihre

Lernbarkeit auch auf seiten derer, die sie letztlich ablehnen. Es ist ein eigentümliches Phänomen, daß eine wechselseitige Kenntnis der Vorurteile vorhanden ist, allerdings mit der Einschränkung, daß man immer nur die Position der Kontrahenten als von Vorurteilen bestimmt sieht, während die eigene als von rationalen Überlegungen geleitet gilt.

Der Mechanismus der Verurteilung ist letztlich das Resultat der erlebten großen Ähnlichkeit der Meinungen und Vorurteile innerhalb der eigenen Bezugsgruppe und erlebten großen Unterschiede zu den Mitgliedern der Außengruppe. Der Konflikt führt zur Verstärkung von Kontrast-Effekten, Konfliktlösungen beinhalten demgegenüber Assimilationseffekte (vgl. Triandis 1975).

Verallgemeinern

Angenommen, wir kommen das erstemal in eine Stadt, die wir bisher nicht kannten; am Taxi-Stand des Hauptbahnhofes müssen wir längere Zeit warten, bis ein Taxi kommt. Nehmen wir an, dies würde uns auch noch ein zweites Mal passieren. Ist es so abwegig, sich vorzustellen, daß man dann sehr schnell bereit wäre, ein Urteil zu fällen: „In . . . gibt es viel zu wenig Taxis" oder „. . . die haben nicht einmal genügend Taxis . . .". Beispiele dieser Art, wie zweimaliges Regenwetter beim Besuch eines Ortes, zweimalige Strafmandate der Polizei, zweimalige unfreundliche Auskunft bei einer Nachfrage, gibt es genug. Unser naives Verhalten bringt uns schnell zu Urteilen wie den folgenden: „Da regnet es immer", „Die haben eine scharfe Polizei", „Lauter unfreundliche Menschen".

In solchen Urteilen wird deutlich, daß unsere Schlußfolgerungen – unsere Vorurteile – das Resultat objektiv nicht statthafter, subjektiv aber anscheinend notwendiger Vereinfachungsprozesse von Sachverhalten sind. Dabei werden spezifische Merkmale und Bedingungen vernachlässigt, und es kommt zu einer vorschnellen und auch fehlerhaften Verallgemeinerung von Einzelerfahrungen. Hier ist die berühmte „Körnchen-Wahrheit"-Hypothese angesprochen. Die Vorurteile kennen keine Gültigkeitsgrenzen. Sie nehmen Einzelerfahrungen für das Ganze. Haben wir erst einmal eine generelle Aussage gemacht und gibt uns zu einem späteren Zeitpunkt in der angenommenen fremden Stadt ein Bewohner entgegen den ersten beiden Erfahrungswerten eine freundliche Auskunft, dann ist unser Vorurteil schon so verfestigt, daß es sich behauptet und wir sofort die gelernte Verteidigungsformel: „Ausnahmen bestätigen die Regel" zur Hand haben. Man hat auch im Rahmen nationaler Vorurteile immer wieder die Frage nach der objektiven Richtigkeit von Urteilen über andere Völker oder Volksgruppen gestellt und kam höchstens zu der Bestätigung, daß ein „Körnchen" Wahrheit vorhanden sei; das aber ist zu wenig für ein Urteil über alle Angehörigen eines Volkes. Nun gibt es natürlich auch bestimmte Eigenschaften, die in einem Volk relativ breit verteilt sein können. Triandis (1975, Seite 167) weist darauf hin, daß „die Eigenschaft ‚fromm' . . . zum Beispiel zwischen verschiedenen Individuen in einer bestimmten Moslem Population sehr wenig Variabilität aufweisen", aber „sehr viel Variabilität . . . in einer skandinavischen Population. Deshalb läßt sich über diese Eigenschaft in bezug auf die Moslems leichter eine gültige Aussage machen als über die Skandinavier." Und doch kann man auch hier nicht von *den* frommen Moslems sprechen, ohne zu verallgemeinern.

Es ist keine Frage, die Bildung von Vorurteilen setzt Reize des Nichtwissens in einem Bereich voraus, für den wir uns zum Beispiel interessieren oder über den zu urteilen wir aufgefordert sind. Daß wir uns dabei auf die Suche nach objektiven Anhaltspunkten und sichtbaren Zeichen begeben, wie rassischen Merkmalen, ist nicht zu bestreiten. Wir wollen ja nicht einfach eine Meinung erfinden. Ist diese Erfahrung als Schlüsselreiz einmal da, dann werden daraus zunächst ganz bestimmte Schlußfolgerungen gezogen. Obwohl die Informationen hierfür eigentlich völlig unzureichend sind, werden Einzelerfahrungen verallgemeinert und Eigenschaften bewertet. Hinzu kommt der Absolutheitsanspruch, mit dem unsere, weitgehend ja nicht bemerkten Vorurteile ausgestattet sind. Es kommen bei Aussagen wie *die* Deutschen, *die* Franzosen, *die* Bayern, *die* Studenten, *die* Gewerkschaften, *die* Unternehmer, *die* Eltern überhaupt keine Skrupel in bezug auf die Gültigkeitsbreite der gemachten Aussage auf. Weil wir verallgemeinern, vereinfachen wir auch die Umwelt, erhalten einen vermeintlich richtigen Überblick, sicherlich aber ein stabiles Bezugssystem für unser Orientierungsverhalten. Durch Verallgemeinerung werden alle Wenn und Aber ausgeschaltet. So entlasten uns die Vorurteile, sollten wir sie dann nicht auch lieben?

Welche Merkmale Vorurteile haben

Die Frage nach Merkmalen von Vorurteilen, Stereotypen und Einstellungen führte zunächst zu einer wissenschaftlich nicht enden wollenden Diskussion um die kognitiven, affektiven und die Verhaltens-Dimensionen. Diese Dreiteilung (vgl. dazu auch McGuire 1969; Six 1975) findet sich in praktisch allen einschlägigen Veröffentlichungen. Die Fragen nach dem theoretischen und praktischen Wert dieser Aufschlüsselung von Vorurteilen sind bis heute in keiner Weise befriedigend beantwortet worden. Daß es subjektiv plausibel erscheint, ändert daran nichts. Wie sich unter den angegebenen Bestandteilen Vorurteile und Einstellungen darstellen, vermag am besten eine schematische Zusammenfassung bei Rosenberg & Hovland (1960) zu veranschaulichen.

Abb. 12

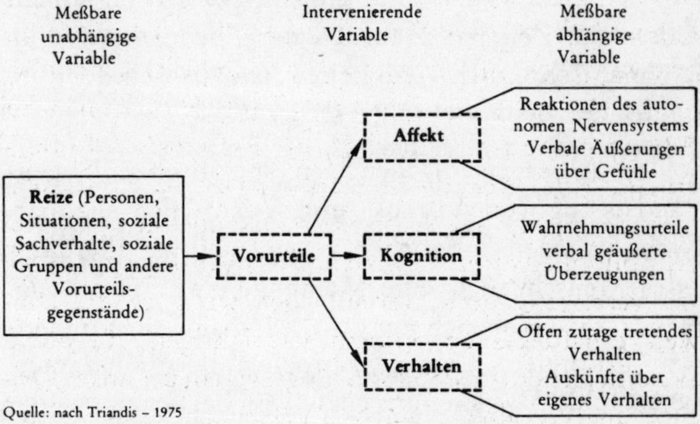

Quelle: nach Triandis – 1975

Im einzelnen ergeben sich die folgenden speziellen Merkmale:

Gegenstandsbezogenheit

Schon aus dem bisher Gesagten ergibt sich, daß alle Vorurteile immer ein spezifisches Verhältnis eines Menschen oder Gruppen von Menschen zu einem bestimmten Objekt beinhalten. Das können sein: Einzelpersonen, Gruppen, Institutionen, Konzepte, Werte, Klassen und vieles andere mehr. Beispielsweise kann für eine Mutter der Lehrstoff in der Schule ein alltäglicher Gegenstand der Beurteilung sein. Zu welchen Urteilen es bei Müttern in Arbeiterfamilien kommt, sollen einige wörtliche Äußerungen belegen:

„. . . die Jungen hatten Handarbeit, mußten einen Topflappen häkeln, da faßt man sich doch an den Kopf; der Junge plagte sich ab und der Lehrer trennte es ihm wieder auf, weil es nicht schön genug sei . . ."
„. . . in der Hauptschule muß viel Stoff sein, was später nicht gebraucht wird; warum müssen Kinder, die in Deutsch nicht so gut sind, unbedingt Englisch lernen, sollten die Zeit lieber für Deutsch nehmen; wer im Rechnen schon Schwierigkeiten hat, tut sich doch im Englischen noch viel schwerer . . ."

Solche Aussagen machen den spezifischen Gegenstandsbezug von Voraus- und Vorurteilen sichtbar. Nicht zu jedem möglichen Gegenstand hat allerdings jeder Mensch auch eine Meinung, eine Einstellung. Naiv verhält man sich nur dort, wo man sich in irgendeiner Form persönlich angesprochen, persönlich interessiert fühlt. Das kann bei einzelnen, bei Gruppen oder bei ganzen Völkern sein. Die Mutter aus dem Beispiel hat ein aktuelles Schulproblem. Dieser Bereich gehört zu ihrer unmittelbaren Erlebniswelt, deshalb ist sie auch gezwungen, sich damit auseinanderzusetzen, Urteile abzugeben, von denen sie verständlicherweise nicht weiß, daß es sich nur um vereinfachte Bewältigungsformen nicht überschaubarer Zusammenhänge handelt. Andere Gruppen interessiert die Schule als Objekt der Beurteilung überhaupt nicht.

Vielschichtigkeit

Ein Vorurteil gegenüber einem Gegenstand äußert sich immer in einer mehr oder weniger großen Anzahl zugeordneter Eigenschaften. Der Komplexitätsgrad eines Vorurteils kann sowohl vom Meinungsgegenstand wie aber auch vom urteilenden Menschen abhängen. Selbst wenn zum Beispiel die Charakterisierung einer Person, einer Gruppe, eines Volkes, eines Tatbestandes im Stile von „eine typische Hausfrau", „ein typischer Engländer" vorgenommen wird, besteht das Vorurteil aus dem, was dann hinter einem solchen Etikett an Vorstellungen, also Beurteilungsmerkmalen zum Vorschein kommt. Man trifft immer wieder auf die Etikettierung von Personen nach dem Motto: Zeige mir, wo Du arbeitest, und ich sage Dir, wer Du bist. Es heißt dann über einen Firmenangehörigen: „Der ist ein typischer xyz-Mann". Und wenn man dann weiterfragt, können an näheren und das eigentliche Vorurteil ausmachenden Merkmalen genannt werden:

„. . . so beamtenhaft, nicht flexibel, nicht dynamisch . . . den muß man immer erst wachrütteln, damit man ihn ansprechen kann . . . schwerfällig . . . dann ist er auch noch so unselbständig, entwickelt keine Eigeninitiative, macht alles nur auf Anweisungen . . . aber eines ist er schon: korrekt, ehrlich und pünktlich". Jeder kennt aus seiner Umwelt solche typologischen Umschreibungen, bei denen man sich nicht mit einem einzigen Merkmal zufriedengibt, sondern bemüht ist, ein differenzierteres Charakterbild nachzuzeichnen. Dem Psychologen geht jedoch bei solchen Beschreibungen erneut der Absolutheitsanspruch auf. Da ist nämlich von Eigenschaften wie „pünktlich" die Rede, und zwar so, als handele es sich um allgemeine Persönlichkeitsmerkmale, die unabhängig von der Situation und dem, was ein Mensch gerade tut, wirken würden. Wir wissen aber, daß normalerweise ein und derselbe Mensch bei unterschiedlichen Anlässen unterschiedlich pünktlich ist. Was sollte uns auch dazu veranlassen, bei der Abgabe einer Steuererklärung genau so pünktlich zu sein, wie bei der ersten Verabredung mit einer attraktiven Frau? Diese von der Situation abhängige Pünktlichkeit wird im Vorurteil bereits wieder vernachlässigt. Man vereinfacht und verallgemeinert.

Kehren wir zum Vorurteils-Merkmal Komplexität zurück: Wir hatten festgestellt, daß zwar Vorurteile in einer Art Kürzelsprache etikettiert sind, das eigentliche Vorurteil hinter diesem Etikett aber ein mehr oder weniger vielgestaltiges Merkmalssystem ist. Schon Edwards (1940; Seite 357) geht davon aus, daß der „Reiz, der das Stereotyp hervorruft", vom „eigentlichen Stereotyp" zu trennen sei. Die grundsätzliche Mehrdimensionalität von Vorurteilen wurde auf faktorenanalytischem Weg und mit Daten aus Umfragen der repräsentativen empirischen Sozialforschung bewiesen (vgl. u. a. Bergler 1966). Wir können also berechtigterweise von Vorurteilssystemen sprechen. Man kennt seine Vorurteile erst, wenn man weiß, was hinter den Etiketten an Vorstellungen und Bewertungen steckt.

Systemzusammenhang

Ein mit einem spezifischen Gegenstand verbundenes Vorurteil ist nicht isoliert zu sehen; Vorurteile bilden sich immer in Abhebung zu anderen aus, das heißt ein Begriff ist immer auch durch einen Gegenbegriff definiert. Ein isoliert berufstypologisches Vorurteilssystem wie das Rollenbild des typischen Beamten (vgl.

Hofstätter 1967) wird nur in der Gegenüberstellung zum Bild des Angestellten, des Arbeiters oder des Studenten deutlich. Nun gibt es aber nicht nur die reine Typentrennung innerhalb einer Konzeptklasse wie der Berufstypologie, also die Abhebung von Typen auf derselben Ebene, sondern darüber hinaus läßt sich auch eine hierarchische Konzeptstruktur von Vorurteilssystemen nachweisen. Was heißt das? Jeder Meinungsgegenstand, jeder konkrete Sachverhalt läßt sich abstrakteren Oberbegriffen unterordnen, wobei dies nicht nur eine theoretische Spielerei ist. Denn beispielsweise kann sich ein und derselbe Konsument einer bestimmten Zigarettenmarke je nach Situation und Verhaltensnotwendigkeit „fühlen" (identifizieren) als (1) echter Raucher dieser Marke in Abhebung von Konsumenten anderer Marken, (2) typischer Raucher von Filterzigaretten in Abhebung zu Konsumenten von Zigaretten ohne Filter, (3) Zigarettenraucher in Abhebung von Zigarren- oder auch Pfeifenrauchern und (4) Raucher gegenüber Nichtrauchern. Schematisch ergibt sich folgendes Bild:

Abb. 13

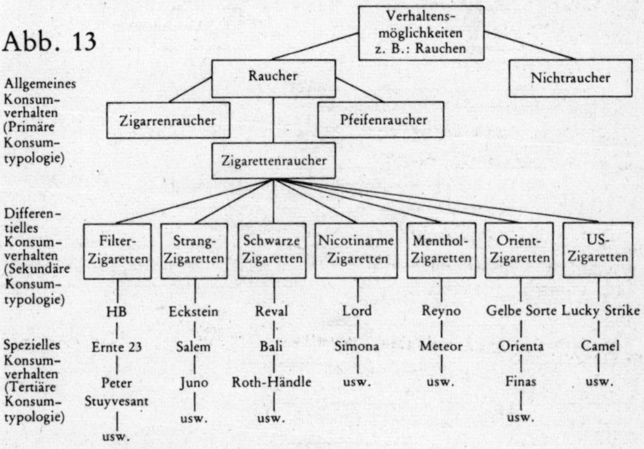

Je nach der Rolle, die dem Konsumenten im Rahmen des aufgezeigten Systems und in Verbindung mit einer spezifischen Situation zukommt, wird er sich unterschiedlich verhalten. Erfolgt beispielsweise eine Abstimmung darüber, ob in der Straßenbahn geraucht werden darf oder nicht, so fühlt sich auch der Zigarettenraucher nicht als Konsument einer bestimmten Marke, sondern eben in seiner abstrakten Rolle als Raucher schlechthin und wird sich dementsprechend verhalten. Es ist also ein wesentlicher Unterschied, ob ich jemanden in seiner Rolle als Raucher oder in der als Zigarettenraucher oder gar in der als Raucher einer bestimmten Filtermarke ansprechen will.

Es gibt bei Vorurteilen Stufen unterschiedlicher Konkretheit, unterschiedlichen Abstraktionsniveaus. Auch bei nationalen und regionalen Vorurteilen läßt sich ein ganz analoger Systemzusammenhang aufzeigen:

Abb. 14

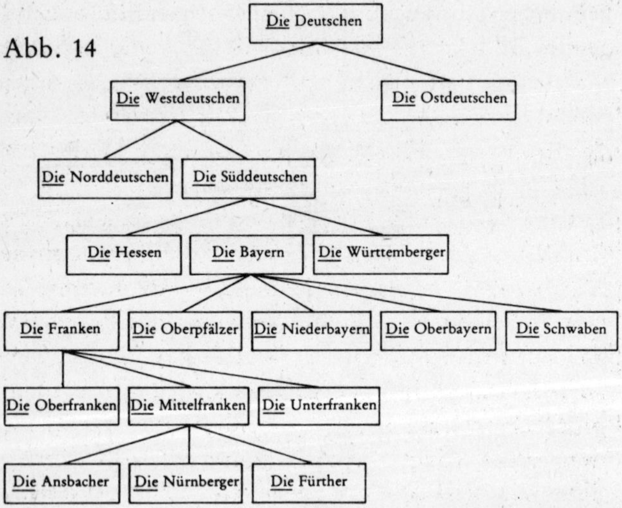

Jeder kann sich anhand dieser und anderer Beispiele das Funktionieren solcher Systemzusammenhänge bewußt machen. Denn: Vorurteile sind in einen Systemzusammenhang eingebaut, der in seiner allgemeinen Struktur vorhandenen objektiven Klassifikationen entsprechen kann. Da die Klassifikation erst dann persönlich praktikabel, also nützlich wird, wenn man mit den verschiedenen Etiketten ganz bestimmte Vorstellungen und Bedeutungen verknüpft, erfolgt die Zuordnung von Eigenschaften und Verhaltensweisen zu den verschiedenen Etiketten. In der persönlichen Begegnung mit Angehörigen der verschiedenen Gruppen stehen gleichsam auf Abruf die orientierenden Programme zur Verfügung. Die Welt unserer Vorurteile ist keineswegs ungeordnet und irgendwelchen Zufälligkeiten ausgesetzt, ganz im Gegenteil: Die erwähnte Wissensfunktion kann nur dann erfüllt werden, wenn die Welt des naiven Verhaltens zwar vereinfacht, aber in einer überschaubaren und verständlichen Ordnung und Systematik abgebildet ist. Vorurteile sind vereinfachte Abbildungen objektiver Systemzusammenhänge; sie bilden sich auf den verschiedensten Abstraktionsstufen aus, so daß wir von einem Gesamtsystem zunehmender Oberflächendifferenzierung sprechen können. Jedes einzelne in sich mehrdimensionale Vorurteil ist also mit anderen Systemen verbunden und damit durch eine Position in einem hierarchischen Gesamtsystem bestimmt. Das vorhandene Fundierungsverhältnis, das vom Allgemeinen bis zum Besonderen reicht, bewirkt, daß Vorurteile von höherer Konkretheit immer, wenn auch mit unterschiedlichem Volumen, am Bedeutungsprofil ihrer Basissysteme beteiligt sind, davon also mindestens teilweise mitbestimmt werden. (In Verbindung mit dem Abstraktionsniveau von Vorurteilssystemen sei auch auf das Problem der sogenannten „Generalität" hingewiesen; vgl. dazu Schäfer 1975 u. a.)

Stabilität

Es war schon an anderer Stelle hervorgehoben worden, daß Vorurteile, wenn sie sich erst einmal ausgebildet haben, von hoher Konstanz im Zeitablauf sind. Hofstätter (1949; Seite 35) hat auf der Basis der Untersuchung von Katz & Braley (1933) und jener von Bayton (1941) nachgewiesen, daß Vorurteile „offenbar zeitlich ziemlich stabil" sind. Auch die Ergebnisse der Wiederholungsuntersuchung der Studie über nationale Vorurteile von Katz & Braley (1933) durch Gilbert (1951) belegen die hohe Inflexibilität (Allport 1954) von Vorurteilssystemen. Ebenso zeigen sich im Vorstellungsbild einer „typischen Hausfrau" in einem Zeitraum von zehn Jahren, nach unseren Daten, praktisch keine Änderungen.

Der Widerstand von Vorurteilen gegenüber irgendwelchen Veränderungsbestrebungen ist ganz erheblich. Dies haben bisher alle Leute erfahren müssen, die mit dem Willen und Anspruch, Einstellungen zu ändern, angetreten sind. Man versuche z. B., einen Menschen, der von dem Vorurteil der Notwendigkeit einer Investitionslenkung besessen, d. h. quasirational überzeugt ist, mit sachlichen Argumenten aller Art – und es gibt ja gerade in diesem Felde nicht wenige – von eben diesem Vorurteil „abzubringen"; man wird eher den schon dargestellten Bumerang-Effekt erleben als eine merkbare Einstellungsänderung. Nach allem, was wir bisher wissen, vollziehen sich Änderungen von Einstellungen und Vorurteilen, wenn überhaupt, nur äußerst langsam, Schritt für Schritt. Zum Problemkreis der Einstellungsänderung und der dafür relevanten theoretischen Ansätze kann hier nur auf weiterführende Literatur verwiesen werden (vgl. u. a. Greenwald, Brock & Ostrom 1968; Kiessler, Collins u. Miller 1969; McGuire 1969; Triandis 1975). Zurück zur Stabilität von Vorurteilssystemen: Es reicht nicht, allgemeine Beharrlichkeit von Vorurteilen festzustellen. Einige Hinweise sollen differenzieren helfen, wobei zu bedenken ist, daß jedes Vorurteil niemals nur punktuell auftritt, sondern über einen längeren Zeitraum Konstanz aufweist. So konnten wir zeigen (Bergler 1966), wie sich Vorurteile gegenüber älteren Menschen im Lebenslauf eines Menschen verändern. Ein 18jähriger hat ein Vorurteilssystem gegenüber Älteren, das sich im Alter von 30 Jahren noch wandelt und sich nach einem längeren Zeitraum festigt, um dann für das weitere Leben konstant zu bleiben. Vorurteile können also nach Zeiten der Konstanz noch einmal eine Veränderung mit erneuter Verfestigung erfahren. Wir glauben, Belege dafür zu haben, daß die endgültige Ausformulierung eines Vorurteils von der erlebnismäßigen Bedeutung, also dem „Aufforderungscharakter" der jeweils spezifischen Subjekt-Objekt-Beziehungen entscheidend mit beeinflußt wird, das heißt, um im Beispiel zu bleiben: In dem Augenblick, wo ich alternd mit dem Problem des Alterns konfrontiert werde, entwickeln sich meine gleichsam endgültigen Beurteilungssysteme – Vorurteile – in bezug auf den alten Menschen. Nun gibt es aber unabhängig von den geschilderten Stabilitätsphasen auf unterschiedlichem qualitativem Niveau auch Vorurteile, die eine durchgehende Alterskonstanz aufweisen. So konnten wir unter anderem nachweisen (Bergler 1966), daß die mit dem Etikett „weibliche Frau" verbundenen

Vorstellungen und Eigenschaften unabhängig vom Lebensalter der untersuchten Person sind. Es existiert also ein vom Lebensalter unabhängiges Vorurteilssystem. Solche durchgängige Stabilität, Alterskonstanz, haben wir bisher nur bei Meinungsgegenständen nachweisen können, die mit der eigenen Person in keinem direkten oder indirekten, mindestens partiellen Zusammenhang stehen. Eine zeitlich begrenzte Stabilität von Vorurteilen tritt nach unseren Untersuchungen dann auf, wenn der zu beurteilende Meinungsgegenstand mindestens in Teilbereichen einen Bezug zum eigenen Selbstverständnis, also dem Selbstbild, aufweist. Stellt man die Frage, wie alt eine „sympathische moderne Frau" etwa sei – wir haben dies bei einer repräsentativen Stichprobe von 4903 Frauen getan – so zeigt sich eine Abhängigkeit vom eigenen Lebensalter der befragten Personen (vgl. Abb. 15).

Zwischen eigenem Lebensalter und dem einer sympathischen modernen Frau zugeordneten Lebensalter besteht demnach ein positiver Zusammenhang (r_{xy} 0,43), und zwar bis etwa zum 50. Lebensjahr. Erst von da an wird die sympathische moderne Frau nicht mehr in der eigenen Altersgruppe untergebracht. Ähnliches zeigt sich auch bei Wahlversuchen mit physiognomischem Bildmaterial: Eine Abhängigkeit vom Alter ergab sich bei Fragen nach der persönlichen Wesensähnlichkeit, der Aufnahme freundschaftlicher Beziehungen, also immer dann, wenn ein Bezug zur eigenen Person herzustellen war. Unterblieb dieser, ging es zum Beispiel nur um die Beschreibung einer sympathischen modernen Frau, dann lassen sich Unterschiede zwischen den verschiedenen Altersgruppen nicht ausfindig machen. Um noch einmal festzuhalten: Vorurteile sind zeitlich

Abb. 15 **Wie alt darf eine „sympathisch-moderne Frau“ sein?**

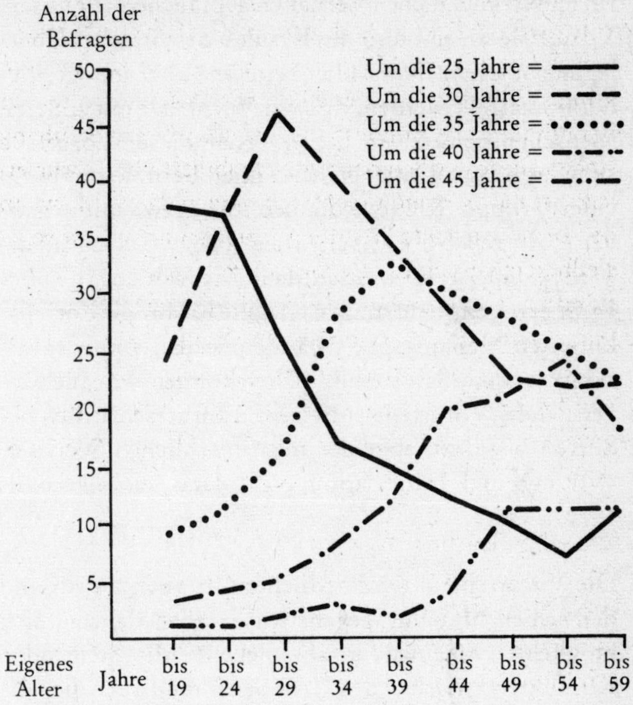

stabile Bezugspunkte der Umweltbeurteilung und damit Bezugssysteme unseres orientierenden Verhaltens. Die Erfüllung ihrer Wissensfunktion ist an ihre mindestens relative Stabilität unabdingbar gebunden. Selbst wenn ein Mensch seine naive Beurteilung in Kenntnis zusätzlicher Faktoren ändert, tritt über einen längeren Zeitraum immer wieder eine Verfestigung ein. Diese Stabilität ist ebenfalls mit ein Grund, warum wir uns in unsicheren Situationen so gerne auf unsere Vorurteile zurückziehen.

Gruppenbezogenheit

Im naiven alltäglichen Verhalten gebrauchen wir unsere Vorurteile so, als ob sie das Resultat persönlicher Überlegungen seien. In Wirklichkeit kann aber immer wieder festgestellt werden, daß wir Vorurteile mit anderen Menschen gemeinsam haben. Viele dieser Vorurteile sind das Resultat einer gemeinsamen Lernbiographie in einer Gruppe. Kinder kommen nicht etwa mit negativen Vorurteilen über „Schwarze" oder „Gelbe" auf die Welt, sondern sie werden dazu vielfach sogar unbewußt erzogen. Jede soziale Gruppe hat für die dort diskutierten Meinungsgegenstände jeweils gruppenspezifische Vorurteilssysteme. Sicher können wir auch eigenständig Vorurteile entwickeln. Im wesentlichen bedürfen wir dazu aber der mitmenschlichen Wechselwirkung und Information (vgl. dazu auch Triandis 1975).

Die Vorurteile unterschiedlicher Gruppen zu ein und demselben Meinungsgegenstand streben danach, sich möglichst voneinander abzuheben. Mit steigenden Konflikten zwischen den Gruppen nimmt auch die Differenz in den ausformulierten Vorurteilssystemen zu. Dazu trägt dann zum Beispiel jenes Verhalten bei, Merkmale, die innerhalb der eigenen Gruppe auf starke Ablehnung stoßen, der Fremd- bzw. Feindgruppe zuzuschreiben und auch jene Merkmale der anderen besonders hochzustilisieren und entsprechend naiv zu bewerten, die als sichtbare Schlüsselreize fungieren können. Immer wird man sich also bei Fremdgruppen auch von einem durch die eigenen Bedürfnisse gesteuerten unbewußten Selektionsprozeß in bezug auf die dann zugeordneten Eigenschaften leiten lassen; das heißt aus einer Vielzahl möglicher Eigenschaften wird eine Auswahl jener Eigenschaften getroffen, die eine möglichst große Distanz zwischen Freund- und Feindgruppe garantieren. Dieser Distanzierungsprozeß wird natürlich durch praktisches Konfliktverhalten noch weiter gefördert, das heißt „Konflikte führen zu Feindseligkeiten, und Feindseligkeiten zu negativen Stereotypen" (Triandis 1975, Seite 169).

Man kann also nicht davon ausgehen, daß eine bestimmte Bevölkerung wie die westdeutsche in bezug auf andere Völker oder in ihren Vorurteilen über junge Menschen ein einheitliches Urteil abgibt. Hier sind unterschiedliche Vorurteilssysteme bei unterschiedlichen Subgruppen einer Bevölkerung nachweisbar. Den Merkmalen, nach denen solche Gruppen gebildet werden, ist nicht ganz einfach nachzugehen. Einige Beispiele werden dies später noch verdeutlichen. Wesentlich ist zunächst, daß die Erhebung von Vorurteilen bei einem repräsentativen Querschnitt einer Bevölkerung keine psychologisch interpretierbaren Daten bringt. Es ist sinnlos festzustellen, daß 40 Prozent einer Bevölkerung das und das Vorurteil haben, es kommt entscheidend darauf an, daß ganz bestimmte Vorurteile auf Gruppen bezogen werden, die wiederum in ganz bestimmten Merkmalen homogen sind. Manz (1968, Seite 153) hat diesen Sachverhalt sehr klar festgestellt: „Nicht die Verteilung der Wahlen auf die einzelnen Eigenschaften per se ist schon interessant und als Stereotyp-Vorurteil – zu werten, sondern nur eine Verteilung, bei der die Gewähr dafür besteht, daß nicht heterogene individuelle Beschreibungen zusammengeworfen wurden. Nur wenn die Homogenität der Gruppe empirisch nachgewiesen werden kann, ist eine Interpretation zusammengefaßter Daten vertretbar. Anderenfalls unterliegt man der Gefahr, ein statistisches Artefakt zu interpretieren."

Bevor auf das Problem der Gruppenspezifität von Vorurteilssystemen anhand etwas ausführlicher darzustellender Forschungsergebnisse beispielhaft eingegangen werden soll, wollen wir noch einige andere Ansätze wenigstens kurz erwähnen. Dabei ist bei allen gruppenspezifischen Befunden immer unmittelbar das Problem der Determinanten von Vorurteilen mit angesprochen, worauf wir aber in vorstehendem Zusammenhang nicht näher eingehen können (vgl. dazu Bergler & Six 1972). Bei der Frage nach den gruppeneigenen Vorurteilen geht man auch heute immer noch viel zu häufig von Gruppen aus, die nach ihren demographischen Merkmalen als homogen bezeichnet werden können. So werden Gruppen nach dem Lebensalter gebildet und die Vorurteile von 16–19jährigen mit denen von 30–39jährigen verglichen. Wir können nicht sagen, daß ein solches Vorgehen sinnlos wäre, allerdings muß durch eine entsprechende Aufbereitung des Materials auch sichergestellt sein – und wir werden dies an späterer Stelle zu veranschaulichen versuchen –, daß schon allein das Lebensalter eine Erklärung für ein entsprechendes Vorurteil sein kann. Die sogenannte Gruppenspezifität von Vorurteilssystemen wurde im Hinblick auf die beiden Geschlechter nachgewiesen. Hofstätter (1962) ist dieser Frage in Verbindung mit der Analyse von Rollenbildern (Psychologe, Psychologin, Psychotherapeut, Psychiater, Lehrer u. a.) durch männliche und weibliche Studenten verschiedener Fachrichtungen nachgegangen. Geschlechtsabhängige Unterschiede im Bereich nationaler Vorurteile haben Sodhi und Mitarbeiter (1956) aufgezeigt. Aus der Vielzahl von Einzelbefunden seien nur angeführt: (1) Frauen stimmen „in der Nennung von Eigenschaften für die Russen, Italiener, Engländer, Franzosen, Amerikaner und Deutschen in höherem Grade ‚überein' als Männer. Andererseits zeigen die Männer eine größere Übereinstimmung als die Frauen in der Wahl der Eigenschaften für die Tschechen, Chinesen, Juden, amerikanischen Neger, Türken, Polen, Inder und Spanier" (Sohdi et al. 1956; Seite 276). (2) „Bei der Beurteilung der Völker benutzten die Frauen überwiegend Begriffe aus der Kategorie ‚Stimmung und Temperament', die Männer dagegen aus der Kategorie ‚Sozialethisches'" (Sodhi 1956; Seite 289). Die Geschlechtsspezifität zeigt sich auch in unseren Untersuchungen zum Rollenbild der weiblichen Frau (Bergler 1966): Für den männlichen Teil der Stichprobe stehen stärker Eigenschaften wie unberechenbar, egoistisch, klug, für den weiblichen Teil solche wie ruhig, gesetzt, pflichtbewußt, liebevoll, zärtlich und anderes im Vordergrund. Weitere Ergebnisse finden sich bei Bergler & Six 1972.

Im folgenden wollen wir der Gruppenspezifität von Vorurteilen weiter nachgehen. Wir wählen dabei Beispiele des naiven alltäglichen Verhaltens. Wir alle leben in Gruppen, sind abhängig von Gruppen, deshalb sollen gruppenspezifische Vorurteile besonders berücksichtigt werden. Denn die Art der Vorurteile – sei es in bezug auf die eigene oder eine fremde Gruppe – ist wie eine Brille, durch die sich Menschen wechselseitig sehen und beurteilen. Die gleiche objektive Wirklichkeit erfährt so ihre jeweils gruppenspezifische Einfärbung. Verdeutlicht werden soll dies an Beispielen aus eigenen Untersuchungsreihen.

Beispiel 1: Die Bundesrepublik in ihrer Bedeutung für Gastarbeiter unterschiedlicher Nationalität.

In einer differenzierten Studie wurden 100 Gastarbeiterfamilien, sowohl der Ehemann wie die Ehefrau, eingehend untersucht. Zielgruppe der Untersuchung war die typische Gastarbeiterfamilie mit Kindern, wobei beide Partner zum Zeitpunkt der Untersuchung (1974) in der Bundesrepublik Deutschland lebten. Für unsere zentrale Frage nach der Gruppenspezifität von Vorurteilen eignet sich diese Studie besonders deshalb, weil zu jeweils gleichen Teilen berücksichtigt wurden: (1) Jugoslawen, (2) Griechen, (3) Italiener, (4) Spanier und (5) Türken.

Wir greifen Ergebnisse von zwei Zuordnungsversuchen heraus, bei denen die Befragten Gelegenheit hatten, einer Mehrzahl vorgegebener Feststellungen entsprechend ihrer persönlichen Meinung mehr oder weniger zuzustimmen. Das Problem „Gastarbeiter in der Bundesrepublik" stellt sich für die unterschiedlichen Nationalitäten so dar, wie in Abb. 16 und 17 gezeigt.

Es dürfte – nur soviel sei angeführt – einsichtig sein, daß, etwas vereinfacht, die untersuchten Jugoslawen vergleichsweise sehr deutschfreundlich sind und sich anscheinend auch Normen des Gastlandes gegenüber anpassungswilliger als andere zeigen. Demgegenüber demonstrieren vor allem die Griechen eine relativ große Distanz; sie verwerfen Anpassungsgedanken und betonen ihre nationale Eigenständigkeit. Die übrigen Gruppen reagieren insgesamt gesehen weniger extrem.

Interessant sind auch die gruppenspezifischen Unterschiede bei der Frage nach Beurteilung und Bewertung der Werbung in der Bundesrepublik Deutschland. Gerade die Angehörigen eines sozialistischen Staates, die Jugoslawen, zeigen die vergleichsweise positivste Einstellung gegenüber der Werbung. Werbung macht für sie „die Welt bunter und schöner", man läßt sich von schönen Bildern gerne „mal zum Träumen verleiten"; Werbung „läßt einen auch für ein paar Augenblicke den Alltag vergessen". Demgegenüber zeigen die untersuchten Italiener die relativ ablehnendste Einstellung. Die weiteren Daten können den Abb. 18 u. 19 entnommen werden.

Unterschiedliche Nationalitäten (vgl. dazu das Problem der Determinanten von Vorurteilen bei Bergler & Six 1972) beurteilen ihre „fremde" Welt auch in ihrer Bedeutung für das eigene Verhalten und den eigenen zukünftigen Lebensstil in unterschiedlicher Form. Der ursprüngliche „Leer-Raum" eines fremden Landes wird auf dem Hintergrund einer unterschiedlichen Lernbiographie in unterschiedlichen kulturellen, sozialen und politischen Welten mit notwendigerweise gruppenspezifischen Vorurteilen aufgefüllt. Daß die subjektiv vorhandene Information in keiner Weise ausreichen dürfte, um so allgemeine Aussagen zu machen, müßte wohl unmittelbar einsichtig sein. Entscheidend für menschliches Verhalten in der alltäglichen naiven Realität ist aber nie das, was wahr ist, sondern was man durch seine „Brille" als subjektive Wahrheit wahrnimmt. Solche Wahrnehmungen können – je nach Qualität – Sympathie, aber auch Konflikt fördern.

Abb. 16

Wie ausländische Arbeitnehmer die Verhältnisse in der Bundesrepublik Deutschland sehen

Gastarbeiter sollten in Deutschland nicht zuviel von ihrem eigenen Land und ihrer Kultur vergessen, sollten in ihrem Denken, ihrer Lebensart und ihren Gebräuchen ihrer Heimat immer treu bleiben. (1)

Den eigenen Kindern sollte man viel von zu Hause, von der Heimat erzählen, die Kinder sollten nicht vergessen, daß ihre Heimat woanders ist. (2)

Das Beste für einen Gastarbeiter ist, wenn er ganz „deutsch" wird, so daß man ihn von seinen deutschen Kollegen gar nicht mehr unterscheiden kann. (3)

Ein erfolgreicher Gastarbeiter hat all die Dinge und Gegenstände, die ein Deutscher auch hat. (4)

Wenn man in Deutschland gewesen ist und dann wieder in die Heimat kommt, hat man mehr Ansehen und auch mehr zu sagen, man gilt ganz einfach mehr. (5)

In Deutschland lebt man etwas zu emanzipiert, die Frauen haben zuviel zu sagen. (6)

Zu Hause ist der Mann der Chef der Familie, in Deutschland muß der Mann etwas zurückstecken und sich anpassen. (7)

Wenn die Ehefrau auch in Deutschland arbeitet, hat der Mann in der Familie weniger Autorität. (8)

Wenn man in Deutschland bleibt, kann man besser leben und hat einen besseren Lebensstandard als wenn man in die Heimat zurückgeht. (9)

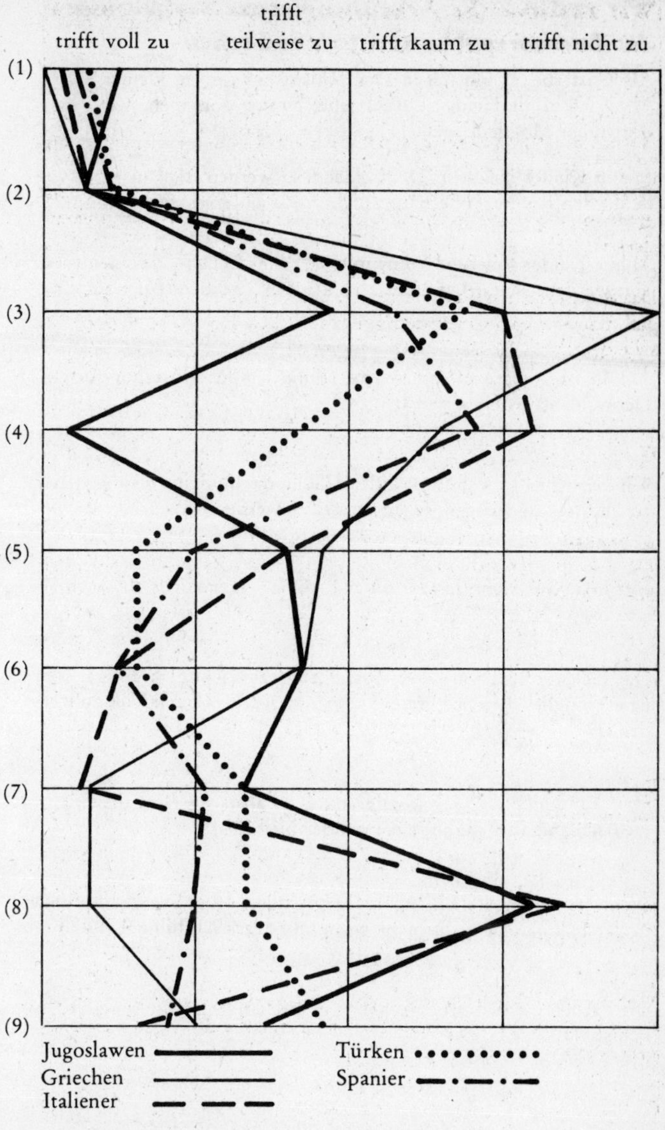
trifft voll zu
trifft teilweise zu
trifft kaum zu
trifft nicht zu
(1)
(2)
(3)
(4)
(5)
(6)
(7)
(8)
(9)
Jugoslawen
Griechen
Italiener
Türken
Spanier

Abb. 17

Wie ausländische Arbeitnehmer die Verhältnisse in der Bundesrepublik Deutschland sehen

Als Gastarbeiter bin ich in Deutschland immer ein kleiner Mann, wenn ich in die Heimat zurückgehe, bin ich dort mehr wert, habe dort mehr Möglichkeiten. (1)

Meine Kinder sollen in Deutschland so werden, daß man sie von deutschen Kindern überhaupt nicht mehr unterscheiden kann. (2)

Meine Kinder sollen im Sinne meiner heimatlichen Ansichten erzogen werden, sie dürfen nicht zu „deutsch" werden. (3)

Am liebsten wäre es mir, wenn meine Kinder späterhin auch in Deutschland arbeiten würden. (4)

Wir verdienen jetzt in Deutschland Geld, damit meine Kinder später zu Hause gute Ausgangschancen haben werden. (5)

Der deutsche Mann hat in seiner Familie viel weniger zu sagen als ich. (6)

Das Geldverdienen in Deutschland ist zwar wichtig, wichtiger aber ist es, möglichst viel zu lernen, klüger zu werden, gebildeter zu werden. (7)

Man kann sich als Gastarbeiter noch so anstrengen, man wird in Deutschland aber immer ein Fremder bleiben. (8)

Wenn meine Kinder zu lange in Deutschland leben, werden sie sich in der Heimat gar nicht mehr wohl und glücklich fühlen. (9)

Die Frauen der Gastarbeiter haben es in Deutschland schöner als zu Hause. (10)

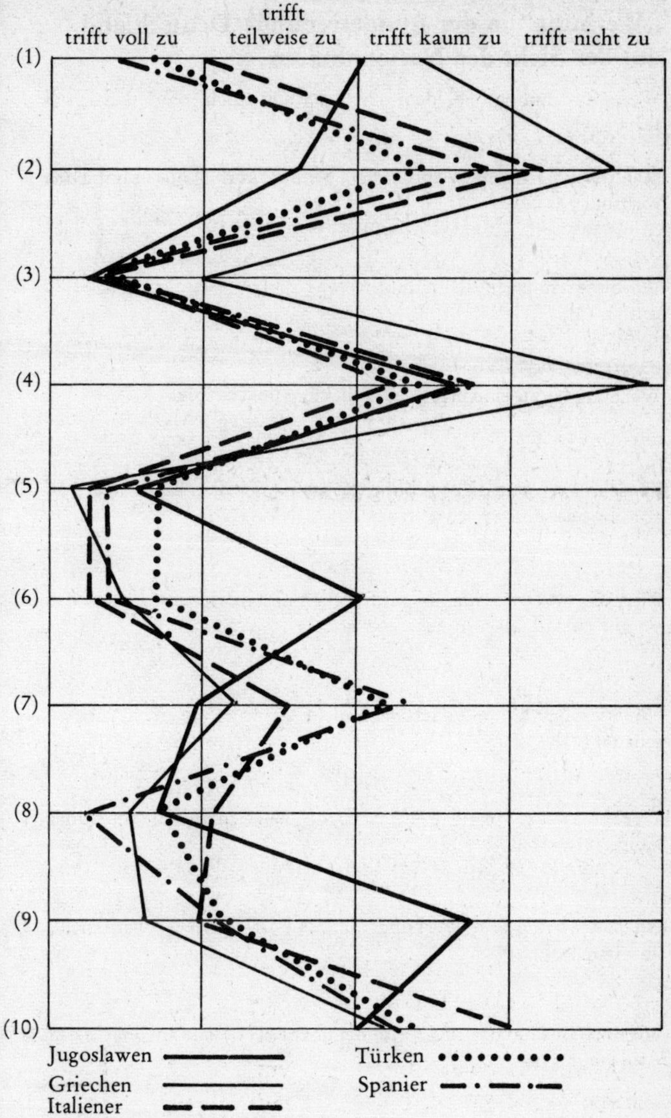
trifft voll zu
trifft teilweise zu
trifft kaum zu
trifft nicht zu
(1)
(2)
(3)
(4)
(5)
(6)
(7)
(8)
(9)
(10)
Jugoslawen
Griechen
Italiener
Türken
Spanier

Abb. 18

„Werbung“ in der Bundesrepublik Deutschland aus der Sicht der Nationalitäten

Werbung lehne ich ab, denn sie beeinflußt mich, ohne daß ich es merke. (1)

Man sollte die Werbung abschaffen, denn sie kurbelt nur unnötig den Konsum an. (2)

Werbung ist eigentlich unnötig; was gut ist, setzt sich auch so durch. (3)

Werbung ist zu einem großen Teil Lüge und Betrug. (4)

Ich sehe mir zwar die Werbung an, lasse mich aber auf keinen Fall von ihr beeinflussen. (5)

Werbung ist fast immer so aufdringlich und marktschreierisch, daß sie mir auf die Nerven geht. (6)

Um Werbung kümmere ich mich nicht, dafür ist mir meine Zeit zu schade. (7)

Werbung weckt vor allem Wünsche, die man sich doch nicht erfüllen kann. (8)

Ich halte wenig von Werbung, denn sie ist meistens phantasielos und langweilig. (9)

Werbung ist sinnvoll, weil sie immer über das Neueste auf dem Markt informiert. (10)

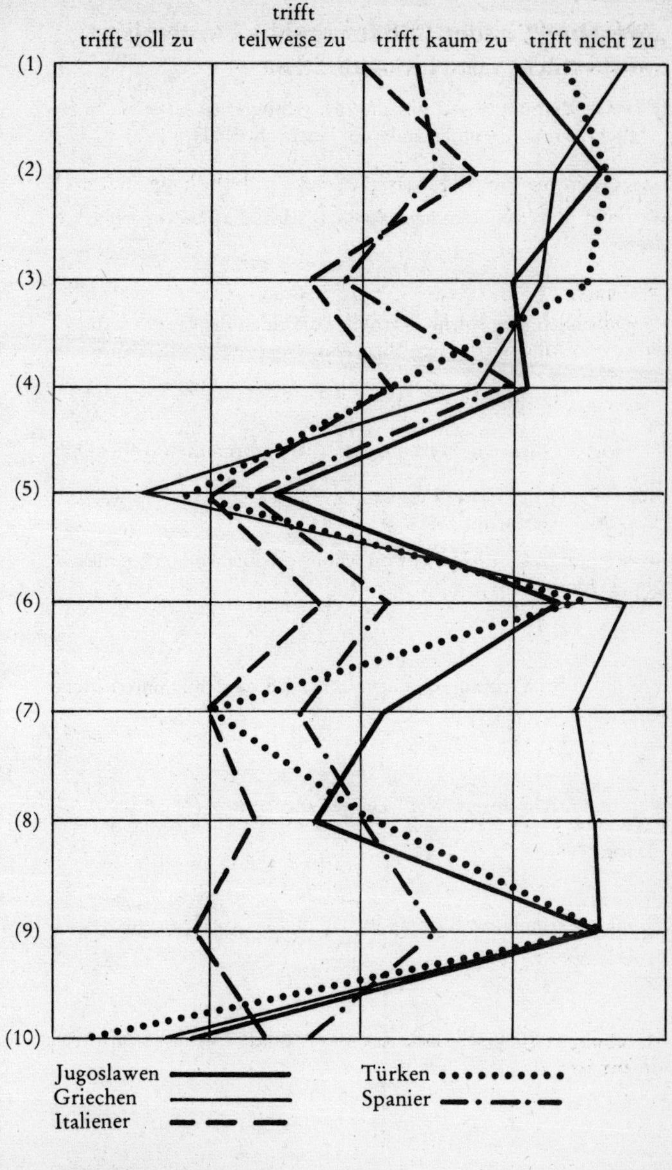
trifft voll zu
trifft teilweise zu
trifft kaum zu
trifft nicht zu
(1)
(2)
(3)
(4)
(5)
(6)
(7)
(8)
(9)
(10)
Jugoslawen
Griechen
Italiener
Türken
Spanier

Abb. 19

„Werbung" in der Bundesrepublik Deutschland aus der Sicht der Nationalitäten

Ich halte Werbung schon deshalb für wichtig, weil sie es einem ermöglicht, Produkte miteinander zu vergleichen. (1)

Werbung muß nüchtern und sachlich sein, alles andere lehne ich ab. (2)

Ich persönlich mag solche Werbung, die einen für ein paar Augenblicke den Alltag vergessen läßt. (3)

Ich mag am liebsten Werbung mit richtig stimmungsvollen Bildern. (4)

Ehrlich gesagt, lasse ich mich von schönen Reklamebildern gerne mal zum Träumen verleiten. (5)

Manchmal ist Werbung so gut gemacht, daß sie richtig unterhaltend wirkt. (6)

Werbung macht unsere Welt schöner und bunter. (7)

Ich mag Werbung, weil sie oft witzig und geistreich ist. (8)

An der Werbung gefällt mir, daß sie immer wieder neu und originell ist. (9)

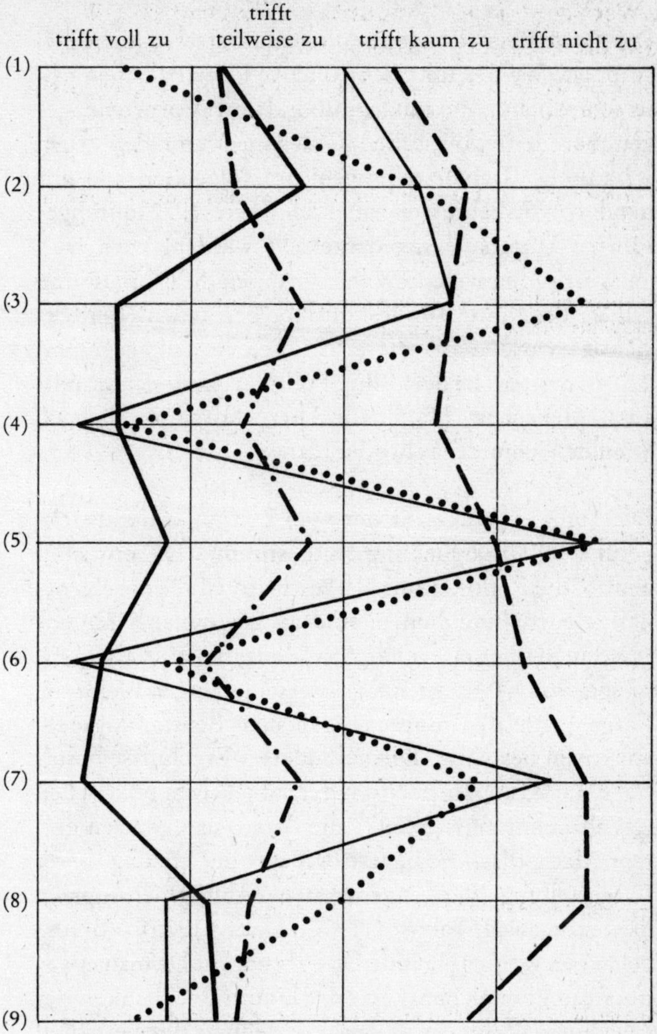
trifft voll zu
trifft teilweise zu
trifft kaum zu
trifft nicht zu
(1)
(2)
(3)
(4)
(5)
(6)
(7)
(8)
(9)
Jugoslawen
Griechen
Italiener
Türken
Spanier

Beispiel 2: Politiker und ihre Wähler.

Politische Einstellungen bedingen unterschiedliche Positionen. Wähler unterschiedlicher Parteien haben unterschiedliche Meinungen und damit Vorurteile gegenüber dem politischen Geschehen und den darin wirksamen Zielvorstellungen. Im folgenden soll anhand von Ergebnissen einer im Jahre 1972 durchgeführten Untersuchung dargestellt werden, nach welchen Kriterien welche Wählergruppen (SPD, FDP und CDU) bekannte Bundespolitiker beurteilen. Berücksichtigt wurden bei dieser Studie, die auf insgesamt 240 Befragten basiert, die Politiker Barzel, Brandt, Ertl, Genscher, Hamm-Brücher, Mischnik, Scheel, Schiller, Schmidt, Schröder, Strauß.

Die konkrete Auswahl war vom Zeitpunkt der durchgeführten Untersuchung mitbestimmt. Da uns aber zentral die Politiker nur als Testmaterial für die eigentliche Beurteilung dienen, sind die gewonnenen Ergebnisse auch über einen längeren Zeitraum gültig. Unabhängig von gewissen Image-Verschiebungen bleibt die Frage nach den unterschiedlichen Beurteilungsperspektiven bestehen. Die gefundenen Ergebnisse bestätigen die Gruppenspezifität der subjektiven politischen „Wahrnehmungswelten", die damit als erwiesen gelten. Methodisch bedienten wir uns bei Lösung dieser Fragestellung der sogenannten multidimensionalen Skalierung (vgl. Johnson 1970; Ahrens 1975). Vorausgegangen waren folgende Überlegungen: Da man etwas über die Vergleichbarkeit oder Unterschiedlichkeit der erwähnten Politiker in der Vorstellung der befragten Personen erfahren, jegliche Vorgabe von Vorurteilen aber ausschließen möchte, werden keinerlei Beurteilungspunkte vorgegeben und die Wähler der drei Parteien lediglich ganz allgemein gefragt, wie ähnlich sich zwei Politiker, zum Beispiel Barzel und Brandt, sind. Den befragten Personen ist es also völlig freigestellt, welche spezifischen Gesichtspunkte für sie bei der Ähnlichkeitsbeurteilung entscheidend sind. Es handelt sich also um eine Kette von Paarvergleichen. Jeder Befragte vergleicht jeden der vorgegebenen Politiker mit jedem und gibt dabei auf einer Skala an, wie ähnlich man die beiden Politiker jeweils einstuft. Aus dem Ähnlichkeitsvergleich von jedem mit jedem läßt sich die Anzahl der Meßgrößen gewinnen, die subjektiv zur Beurteilung der Politiker-Szene herangezogen wurde. Die individuellen Befunde werden dann unter dem Gruppenmerkmal „Wahlverhalten" zusammengefaßt, so daß Aussagen über mögliche gruppenspezifische Befunde bei SPD-, FDP- und CDU-Wählern möglich werden.

Die Interpretation der einzelnen Skalen innerhalb eines multidimensionalen Beurteilungsraumes erfolgt mit Hilfe zusätzlicher Informationen; dazu gehören die Images der einzelnen Politiker und der für einzelne Politiker spezifischen Assoziationen. Solche Informationen wurden mit zusätzlichen Fragen gewonnen.

Die Ergebnisse werden gesondert für die Gruppen der SPD-, der CDU- und der FDP-Wähler ausgewiesen. Die Reihenfolge der Darstellung der Dimensionen folgt der Größe der Varianzaufklärung, d. h. wir beginnen bei jeder Wählergruppe immer mit der Beurteilungsperspektive, der die größte Bedeutung und Gewichtigkeit zukommt.

(1) Die SPD-Wähler

Die Vorstellungen dieser Wähler zur Ähnlichkeit bzw. Unterschiedlichkeit der vorgegebenen Politiker lassen sich auf drei Beurteilungs-Dimensionen reduzieren, nämlich

1. Dimension des gesellschaftlich-politischen Engagements versus konservativ bewahrende Haltung
2. Intellektualitäts- versus Emotionalitätsdimension
3. Dimension der Prägnanz in der politischen Aussage

Die erste Dimension wird durch das Kontinuum zwischen gesellschaftlich-politischem Engagement und konservativ-bewahrender Haltung bestimmt. Als Repräsentanten von hohem gesellschaftlich-politischem Engagement gelten Brandt, Hamm-Brücher und Scheel, als deren Antipoden Strauß und Barzel. Eine Differenzierung im mittleren Skalenbereich ist jeweils nicht möglich.

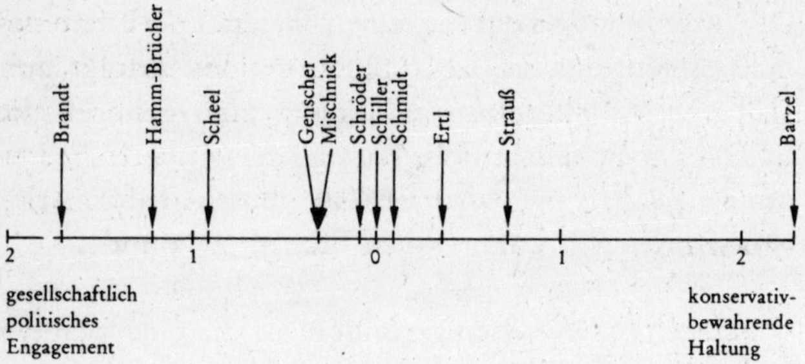

Diese Dimension ist für die SPD-Wähler nicht nur am wichtigsten, sie hat für sie auch eindeutig einen Wertungsaspekt.

Die zweite Dimension wurde als ,,Emotionalitäts-Intellektualitätsdimension“ gekennzeichnet. In der Vorstellung der Befragten ist für Strauß und Ertl ein mehr emotionaler Zugang zur Politik charakteristisch, wobei bei Strauß verstärkt von einer aggressiven Impulsivität gesprochen wird. Eindeutiges Gegenstück dazu ist Schiller, der als Intellektueller und „Technokrat" gilt: bei ihm wird diese Eigenschaft – interpretiert als „blutleer", „unnahbar" und „professoral" – zum Teil negativ bewertet.

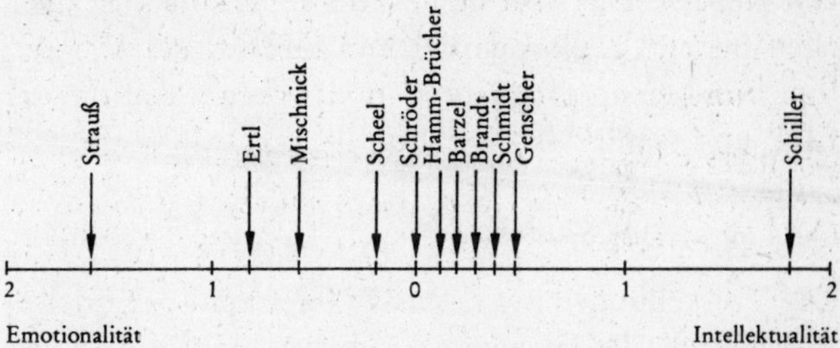

Die dritte Dimension der SPD-Wähler läßt sich schließlich als Dimension der Prägnanz in der politischen Aussage interpretieren. Wichtig ist hier der Hinweis, daß die Einstufung der einzelnen Politiker natürlich von der Informiertheit der einzelnen Befragten abhängig ist: zweifellos läßt sich so der mittlere Platz Hamm-Brüchers mit der häufig nur sehr geringen Informiertheit der Befragten über ihre politische Arbeit erklären.

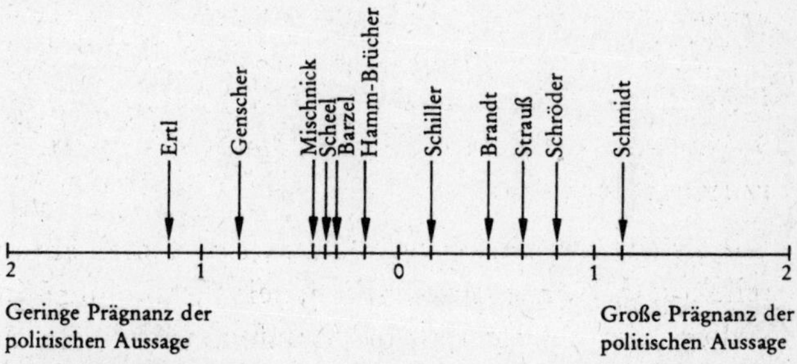

Von einer „Prägnanz der politischen Aussage“ kann dann die Rede sein, wenn relativ gleichbleibende, relativ eindeutige und akzentuierte politische Positionen überzeugend vertreten werden. Es zeigt sich hier, daß die politischen Aussagen und Positionen der FDP-Politiker in den Augen der SPD-Wähler und zum Zeitpunkt der Untersuchung als relativ wenig prägnant erlebt werden. Das liberale Prinzip der „Offenheit nach allen Seiten“ beeinträchtigt anscheinend die Vorstellung von einer prägnanten politischen Position der FDP und somit der FDP-Politiker.

(2) Die CDU-Wähler:

Die Vorstellungen der CDU-Wähler zum personellen Potential der Parteien sind nicht von drei, sondern von vier grundsätzlichen Beurteilungsperspektiven bestimmt:

1. Dimension der persönlichen Bedeutsamkeit
2. Dimension der Volksnähe
3. Dimension der Spezialisierung
4. Dimension der Prägnanz in der politischen Aussage

Die wichtigste Dimension – als „Bedeutsamkeitsdimension“ gekennzeichnet – impliziert Beurteilungskriterien wie Bekanntheit, Aktualität, Einflußvermögen und Relevanz für den eigenen Lebensbereich.

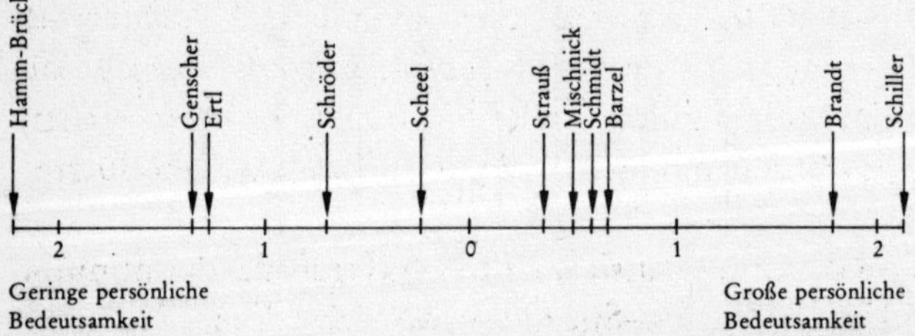

Auch hier sind eigentlich nur die Extremwerte interpretierbar. Die höchste Bedeutsamkeit haben also in den Augen der CDU-Wähler Schiller, dessen Wirtschaftspolitik maßgebend über das eigene finanzielle Wohlergehen und die finanzielle Sicherung der Zukunft entscheidet, und Brandt, der als Bundeskanzler die Richtlinien der Politik bestimmt. Zu erklären ist auch die relativ niedrige Einschätzung Scheels: er gilt vielen CDU-Wählern als bloßer „Erfüllungsgehilfe Brandts und der SPD".

Über Hamm-Brücher, Genscher und Ertl ist ein Teil der befragten CDU-Wähler entweder überhaupt nicht oder nur sehr unzureichend informiert.

Auch die zweite Dimension, die Dimension der „Volksnähe", ist in sich ähnlich komplex strukturiert und nur in den Extrembereichen interpretierbar.

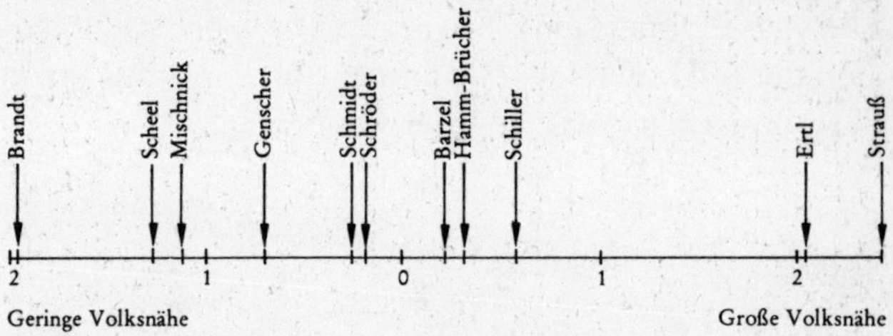

Gerade bei Strauß und Ertl ist offensichtlich, daß besonders ihre urwüchsige-extravertierte Art unter den Begriff „volkstümlich" subsumiert wird, während bei Brandt nicht zuletzt seine angenommene introvertierte Art mitbestimmend für seine Einstufung sein dürfte.

Die dritte Dimension läßt sich durch das Kontinuum „Universalismus-Spezialismus" darstellen:

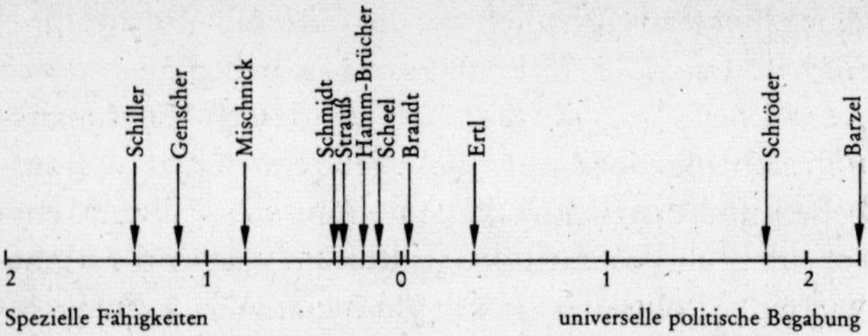

Barzel und Schröder gelten demnach bei den CDU-Wählern von ihrer politischen Kapazität her als fähig für viele Positionen, sie repräsentieren den Typ des „allround"-Politikers. Schiller gilt auch hier als Technokrat, der sich vor allem durch sein spezielles Fachwissen profiliert, Genscher beschäftigt sich, nach der Vorstellung eines Teils der Befragten, als Innenminister vor allem mit „politischem Kleinkram", ist also auch hier „spezialisiert".

Die vierte Dimension läßt sich – wie die dritte Dimension der SPD-Wähler – als Dimension der Prägnanz in der politischen Aussage interpretieren.

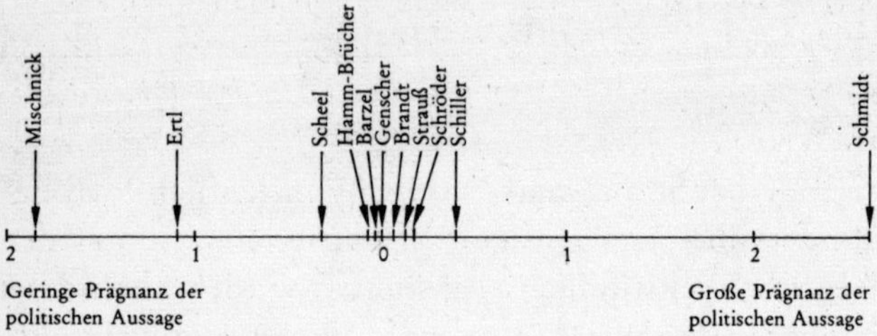

Auch von den CDU-Wählern wird vor allem Schmidt als sehr prägnant herausgestellt, während die FDP-Politiker eher zum anderen Extrem tendieren.

(3) Die FDP-Wähler:

Für die FDP-Wähler wurden insgesamt sieben Dimensionen gefunden, die ihr Beurteilungssystem, also ihr Bezugssystem ausmachen, von dem aus sie die ,,Männer der Politik" beurteilen; im einzelnen sind dies: (wobei die gefundene sechste Dimension aufgrund der vorliegenden Daten noch nicht interpretierbar ist.)

1. Liberalitätsdimension
2. Dimension der Volksnähe
3. Dimension der allgemeinen politischen Orientierung
4. Dimension der Spezialisierung
5. Dimension der politischen Originalität
6. Dimension (nicht interpretierbar)
7. Aktivitäts-Dimension

Die Liberalitätsdimension ist, wenn man zur Interpretation qualitative Befunde heranzieht, in sich komplex. ,,Liberalität" bedeutet nämlich zum einen ein ,,Offensein nach allen Seiten", zum anderen eine politisch tolerante Haltung. Der Gegenpol – in den Augen der FDP-Wähler durch Strauß und Barzel vertreten – ist als eingeengte, konservative politische Position zu interpretieren:

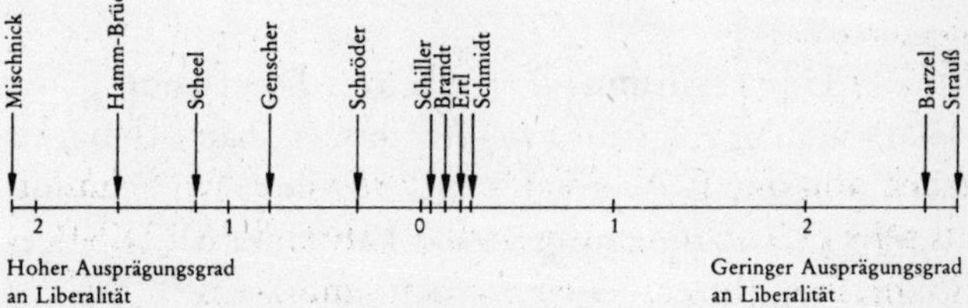

Die „Volksnähe"-Dimension der FDP-Wähler bezieht sich auf die Persönlichkeit, das „Temperament" der einzelnen Politiker. Die als urwüchsig-natürlich erlebten Politiker Ertl und Strauß stehen Barzel gegenüber, der „gekünstelt" und „falsch" wirkt.

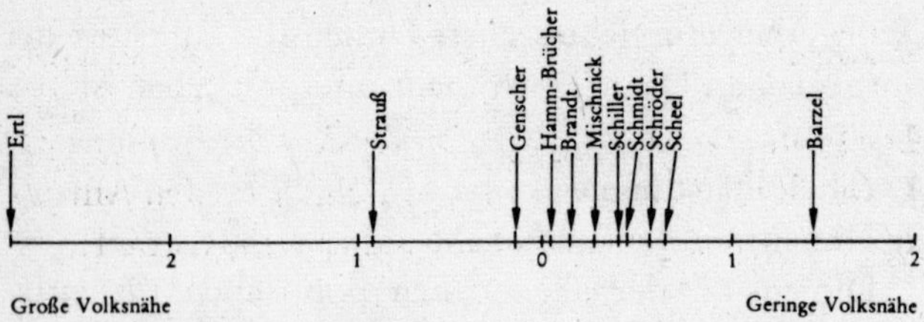

Die Dimension der allgemeinen politischen Orientierung läßt sich durch ein Links-Rechts-Kontinuum darstellen. Im wesentlichen ähnelt diese Dimension der Dimension des gesellschaftlich-politischen Engagements, wenngleich sie etwas abstrakter, d. h. mit weniger Bezug zum politischen Handeln zu interpretieren ist:

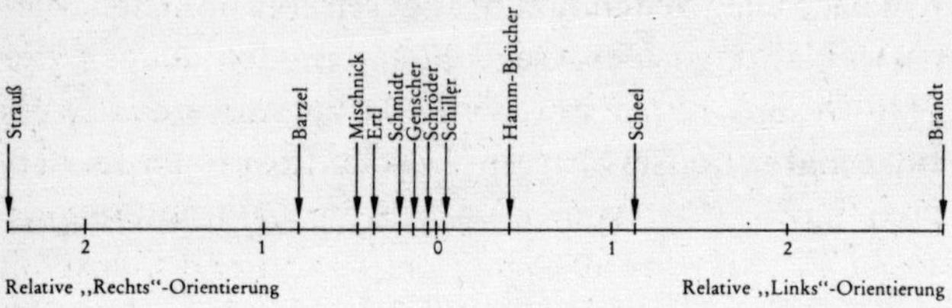

Die Universalismus-Spezialismus-Dimension der FDP-Wähler zeigt nur zwei Antipoden, nämlich Barzel als „All-round-Politiker" und Schiller als Fachminister, während die übrigen Politiker in der Mitte eingeordnet wurden:

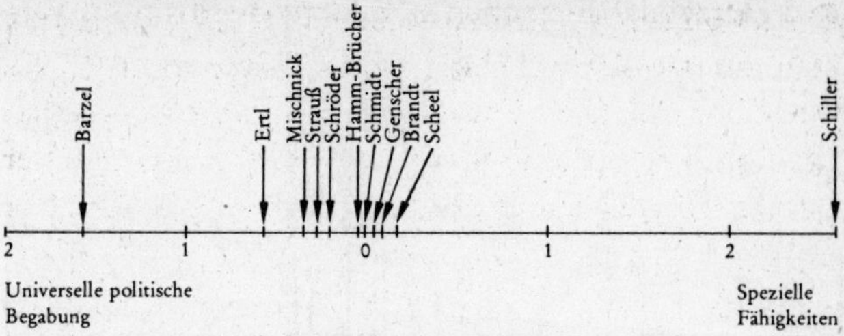

Die fünfte Dimension, die Dimension der „politischen Originalität", wird vor allem durch die beiden Antipoden Hamm-Brücher und Genscher repräsentiert:

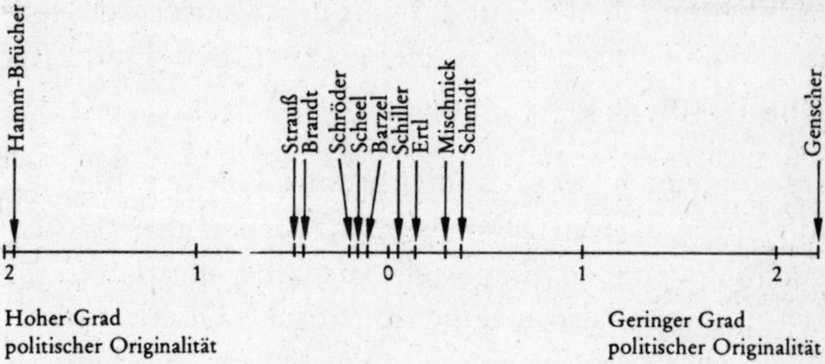

„Politische Originalität" ist hier gemeint als das – eventuell von der Parteilinie abweichende oder von der Partei nicht „getragene" – politische Engagement. So gilt Hamm-Brücher als Einzelkämpferin, deren bildungspolitische Arbeit vorstellungsmäßig ganz ihrem persönlichen Engagement entspringt, während Genscher mehr als Vertreter der offiziösen Parteilinie erlebt wird.

Die sechste Dimension wird nicht interpretiert, weil der extremen Position Schröders lediglich ein relativ undifferenziertes Mittelfeld gegenübersteht.

Die „Aktivitäts-Dimension" schließlich beinhaltet Eigenschaften wie Durchsetzungsvermögen, Dynamik und Härte; dabei ergeben sich folgende Positionierungen:

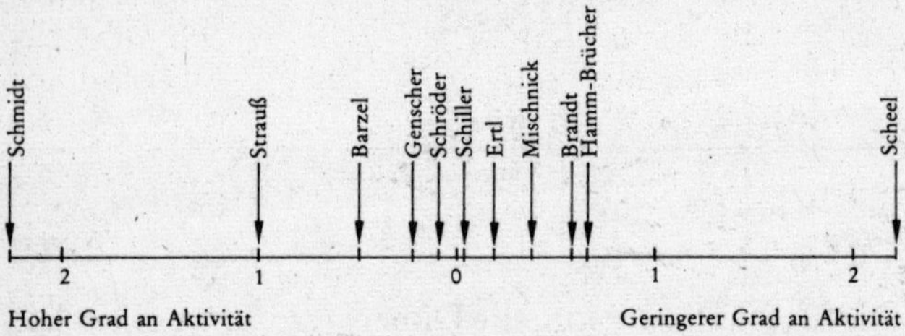

Hier wird besonders bei Scheel der Imagefaktor Zurückhaltung deutlich und damit der Wunsch der eigenen Wähler nach etwas mehr Härte und Durchsetzungsvermögen.

Im folgenden werden die grundsätzlichen Beurteilungsperspektiven (Dimensionen) der einzelnen Untersuchungsgruppen dargestellt als Ausgangspunkt für typologische, also gruppenspezifische Überlegungen. Neben der Bezeichnung der Dimensionen wird jeweils die Größe der Varianzaufklärung in Prozenten angegeben. Die Varianzaufklärung dient als Indikator für die Wichtigkeit, die den einzelnen Dimensionen für die Vorstellungen zur Struktur des personellen Potentials der Parteien zukommt.

Man kann nun mit Sicherheit davon ausgehen, daß der einzelne Wähler über die verschiedenen Politiker nur begrenzt echte Informationen besitzt. Was ihn – und uns – nicht daran hindert, differenziertere Meinungen und Vorstellungen zu entwickeln, die in den verschiedensten Image-Analysen immer wieder deutlich werden. Auch über Politiker werden weit über den eigentlich vorhandenen Informationsstand hinausgehende

Politik im Urteil der Wähler

Dimensionen	SPD-Wähler	CDU-Wähler	FDP-Wähler
1	Gesellschaftlich-politisches Engagement (56,6)*	Politische Bedeutsamkeit (37,6)	Liberalität (40,14)
2	Intellektualität (25,0)	Volksnähe (25,2)	Volksnähe (15,5)
3	Prägnanz in der politischen Aussage (18,5)	Spezialismus (20,4)	Allgemeine politische Orientierung (13,7)
4		Prägnanz in der politischen Aussage (16,8)	Spezialismus(10,1)
5			Politische Originalität (8,5)
6			nicht interpretierbar (6,6)
7			Aktivität (5,5)

* Varianzaufklärung in von Hundert

Aussagen gemacht. Es wird vereinfacht, verallgemeinert, nur der Blickwinkel und die Anzahl der Perspektiven, nach denen geurteilt, bewertet wird, ist verschieden. So differenzieren in unserer Untersuchung die SPD-Wähler zweifellos am wenigsten: Man definiert Politiker praktisch nach der Links-Rechts-Dimension, beurteilt ihr Verhalten als mehr oder weniger intellektuell oder emotional und benötigt schließlich noch Anzeichen für den Grad der Prägnanz der politischen Aussage. CDU-Wählern war zwar auch der erwähnte Prägnanzgrad wesentlich, aber ihr gegenüber SPD-Wählern stärker differenziertes Bezugssystem war in den übrigen Dimensionen nicht mehr vergleichbar. Der Politiker wird nämlich jetzt unter dem Aspekt seiner politischen und positionsmäßigen Bedeutsamkeit für den Wähler, dem Ausmaß seiner Befähigungsstruktur (speziell und universell) und dem Grad der Kommunikationsfähigkeit im Umgang mit der Bevölkerung gesehen und bewertet. Zweifellos den höchsten Differenzierungsgrad ihres politischen Bezugssystems erreichten in dieser Studie und zu diesem Zeitpunkt die FDP-Wähler. Spezifisch ausgeprägt erschienen vor allem die eigene liberale Wertverankerung, die besondere politische Originalität sowie Verhaltensaktivität.

Der Nachweis unterschiedlicher Wahrnehmungswelten macht nun aber auch erneut deutlich, daß damit schon die Differenzen der politischen Auseinandersetzung vorprogrammiert sind. Innerhalb der eigenen Gruppe ist die Übereinstimmung im Urteil immer relativ stark ausgeprägt, während sie zwischen den Gruppen minimal wird. Solche Beurteilungssysteme wirken selektiv, das heißt sie bestimmen entscheidend mit, was überhaupt wahrgenommen und somit als Informationsangebot verarbeitet wird. Verhaltenswirksam sind aber meist nur solche Informationen, die unsere bereits vorhandenen Bezugs- und damit vielfach eben auch Vorurteilssysteme weiter verstärken. Man mag dies bedauern, und dennoch bleibt festzuhalten: Die Liebe zu unseren gruppenspezifischen Vorurteilen wird durch die unbewußt funktionierende Informationsselektion im Interesse des bestehenden Vorurteils ständig verstärkt. Die Scheidung vom Vorurteil ist häufig schwieriger als die einer Ehe.

Beispiel 3: Die Selbstbeurteilung des Charakters.

Es ist schon vorher von der Bedeutung unterschiedlicher Arten der Selbstbeurteilung die Rede gewesen. Darüberhinaus konnten wir z. B. zeigen (vgl. Bergler

1973), daß unterschiedliche Stile des persönlichen Entscheidungsverhaltens ihren Niederschlag auch in unterschiedlichen Arten der charakterologischen Selbstbeurteilung erfahren. In Verbindung mit der Gruppenspezifität war nun das zusätzliche Problem aufgetaucht, daß eine Einteilung von Menschen, also eine Gruppenbildung nach demographischen Merkmalen wie Alter, Einkommen, Beruf usw. problematisch ist, weil der Erklärungswert dieser Variablen unzureichend ist (vgl. Bergler 1974 a; 1974 b). Für die Vorurteilsforschung besteht, wie ebenfalls angeführt, die Notwendigkeit, nach sinnvollen Merkmalen homogene Gruppen zu bilden und deren Vorurteile dann zu untersuchen. Da demographische Merkmale allein nicht geeignet sind, benötigt man psychologische. Die charakterologische Selbstbeurteilung ist eine unter anderen Möglichkeiten. Daß es hier qualitativ unterschiedliche Formen des Selbstbildes gibt und daß man hierfür nicht allein das kalendarische Lebensalter eines Menschen heranziehen kann, zeigt eine eben abgeschlossene Untersuchung (vgl. Bergler 1975 b) zur Gruppenspezifität von Selbstbildern. Die Form der Selbstbeurteilung erfolgte in unserer Untersuchung anhand einer Liste von siebenstufigen, polar angeordneten Eigenschaften. Bei einer Stichprobe von 2585 Männern und 755 Frauen ergaben die durchgeführten Gruppierungsanalysen (vgl. Johnson 1970; Schäfer & Steffens 1975), deren Ziel es ist, zu Gruppen zu kommen, die sich immer durch jeweils minimale Binnendistanz bei gleichzeitig größtmöglicher Außendistanz auszeichnen, den in Abb. 20 graphisch wiedergegebenen Gesamtbefund.

Abb. 20

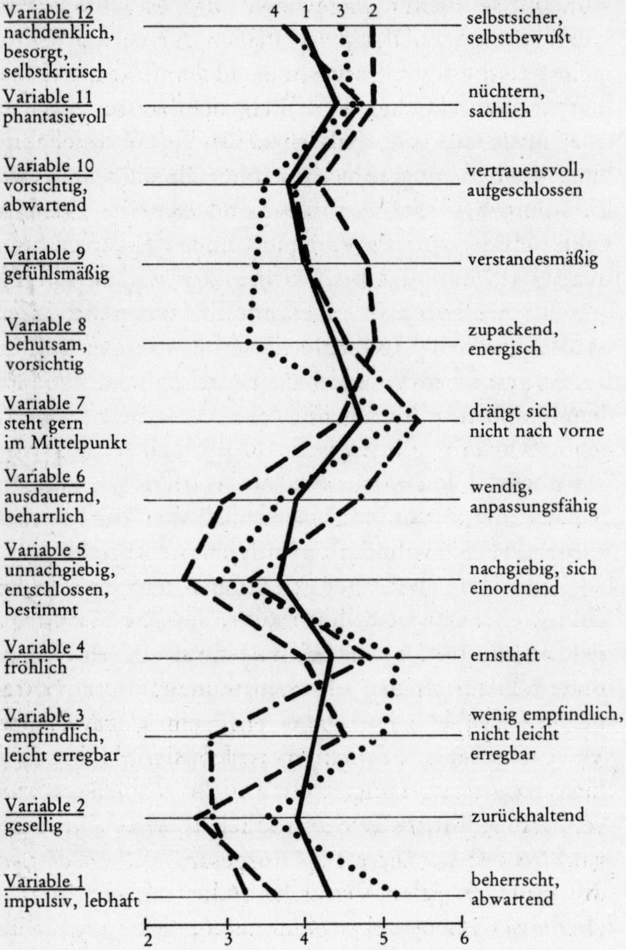

Die Unterschiede zwischen den Menschen sind, was die gewählten psychologischen Eigenschaften betrifft, innerhalb der jeweiligen Gruppe so gering wie möglich, zwischen den Gruppen aber so groß wie möglich.

Ohne auf die Ergebnisse hier im einzelnen eingehen zu können, sei darauf hingewiesen, daß es gelungen ist, qualitativ unterschiedliche Formen der naiven Selbstbeurteilung als Bezugssysteme und damit Reaktionsbasis für menschliches Verhalten sichtbar zu machen. Man mache selbst einmal den naiven Test und stelle sich vor, wie die angeführten vier unterschiedlichen Typen der Selbstbeurteilung auf ein und dasselbe Ereignis, zum Beispiel der Begegnung mit einer attraktiven Frau, reagieren würden. Zur Kurzcharakteristik der vier Typen sei noch angeführt: Es wurden qualitativ unterschiedliche Selbstkonzepte sichtbar; während sich die erste Gruppe selbst eher als zurückhaltend, nachgebend und einordnungswillig, dabei aber auch als weniger sachlich und nüchtern als die übrigen erlebt, insgesamt also ein tendenziell introvertiert anmutendes Selbstkonzept vorliegt, kann man bei der zweiten Gruppe ein Selbstbild diagnostizieren, das einen durch Aktivität, Ausdauer, Selbstsicherheit und Rationalität charakterisierbaren Stil vorweist. Das Selbstbild der dritten Gruppe ist wesentlich bestimmt durch Distanz und Selbstdisziplin. Im Selbstkonzept der vierten Gruppe schließlich kommt eher ein extravertiertes Verhalten zum Ausdruck; man erlebt sich als ein geselliger, anpassungsfähiger, auch nicht so beherrschter, sondern sogar etwas empfindlicher und dabei nicht ganz so selbstsicherer Typ. Insgesamt gelingt es also, mit Hilfe spezieller Verfahren (Clusteranalysen) psychologische Gruppen zu eliminieren, die durch qualitativ unterschiedliche Formen der Selbstwahrnehmung und auch der Selbstbewertung charakterisierbar sind.

Menschen unterscheiden sich also in bezug auf ihr charakterologisches Selbstbild. Daß diese Unterschiede nicht mit dem tatsächlichen Lebensalter erklärt werden können, haben unsere Untersuchungen ebenfalls gezeigt. Konkret: ein 70jähriger kann dasselbe Selbstbild haben wie ein 18jähriger. Nicht das Lebensalter kann als entscheidende Determinante selbstbezogener Urteile (Vorurteile) angesehen werden, sondern die fortgesetzten sozialen Wechselwirkungen des menschlichen Lebens. Entdecken wir an uns und anderen Vorurteile, dann sollten wir versuchen, das konkrete Vorurteil mit konkret definierten Gruppen in Zusammenhang zu bringen.

Vorurteile – das sollten die angeführten Untersuchungsergebnisse belegen – haben in ihrer konkreten Ausformulierung immer nur Gültigkeit für einen bestimmten Personenkreis. Dies sollte man bei allen Aussagen bedenken. (Da wir in Verbindung mit Überlegungen zum Thema Mißverständnisse auf Konflikte, die aus selbst- und fremdbezogenen Vorurteilen entstehen, nochmals eingehen werden, kann hier auf die Darstellung und Diskussion weiterer Forschungsergebnisse verzichtet werden.)

Es dürfte keinen Meinungsgegenstand geben, der nicht auf der Basis gruppenspezifischer Vorurteile bewältigt wird. Denken wir nur an Eindrücke, die Betriebsangehörige und Außenstehende, Lieferanten und Abnehmer, Aktionäre und Gewerkschaftsfunktionäre von einem ganz bestimmten Unternehmen haben; aber wir müssen gar keinen so weiten Bogen spannen. Schon innerhalb eines Betriebes gibt es genügend Subgruppen, wie das Management, die Facharbeiter, die Gastarbeiter, die Techniker etc., die sich selbst und den anderen jeweils deutlich anders wahrnehmen und bewerten. Jeder entwickelt seine eigenen Vorurteile, vermerkt sie als richtige Bezugssysteme seines Handelns sowohl im aktiven Zugriff wie aber auch in der Verteidigung. Hätten wir keine Gruppenspezifität bei Vorurteilen, dann wäre unsere naive Erlebniswirklichkeit homogen. Diese Konformität von Vorurteilssystemen ist zwar das Wunschbild von Diktaturen, nicht aber die Realität pluralistischer und demokratischer Systeme. Dabei ist nicht zu bestreiten, daß zum Beispiel in einer Familie, in der alle ihre Mitglieder die gleichen Vorurteile über eine Sache haben, mindestens ein Streiten, ein Konflikt nur mit sehr viel Mühe entwickelt werden kann. In der erlebnismäßigen Verwirklichung kann dies durchaus Auslöser von Konformität und Langeweile sein, und daraus entstehen notwendigerweise neue gruppenspezifische Vorurteile, die Auseinandersetzung wieder möglich machen.

Gefühlsbestimmtheit

Die Unterscheidung nach kognitiven, affektiven und verhaltensbezogenen Komponenten von Vorurteilen klingt plausibel und wird bei Wissenschaftlern wie Laien in gleicher Weise problemlos, selbstverständlich, damit aber auch naiv gebraucht (vgl. Literaturbelege bei Bergler & Six 1972). Die Tücke des Objektes wird in der Theorienbildung – und dort ganz besonders – bei den Versuchen der Operationalisierung sichtbar. Eine solche Aufteilung in qualitativ unterschiedliche Bestandteile ist nur dann sinnvoll, wenn es gelingt, diese Komponenten zu isolieren, also getrennt zu messen und in ihrer Bedeutung zu gewichten. Genau hier setzen die Probleme ein. Schon in Verbindung mit den kognitiven Dimensionen fragt man sich, wieweit sie wirklich ausschließlich kognitiver Natur sind und nicht auch schon affektive Merkmale enthalten. Ohne hier auf die keineswegs beendete (vgl. McGuire 1969) Diskussion einzugehen, seien Versuche erwähnt, die sich bemühen, auch im Bereich affektiver Merkmale verschiedene Dimensionen herauszuarbeiten. Sherif und andere (Sherif & Hoveland 1961; Sherif et al. 1965) haben in bezug auf die zunächst gleichsam nur kognitiv gegenwärtigen Vorurteilsobjekte zusätzliche Meßgrößen eingeführt, nämlich (1) Breite der Zustimmung, (2) Breite der Ablehnung und (3) Breite der Indifferenz.

Der Akzeptierungsbereich umfaßt diejenigen Stellungnahmen gegenüber einem Problem oder einem Gegenstand, denen man selbst zustimmen kann, während der Ablehnungsbereich diejenigen Stellungnahmen beinhaltet, die man ablehnt, und der Indifferenzbereich als eine Art Restkategorie diejenigen Aussagen oder Stellungnahmen enthält, die man weder bejaht noch verneint (Sherif et al. 1965). Sherif und seine Mitarbeiter haben in einer großangelegten Untersuchung im Rahmen der Präsidentschaftswahlen in den USA im Jahre 1960 überprüft, in welchem Zusammenhang die eigene politische Überzeugung – vor allem wenn sie extrem ist – mit diesen drei Bereichen steht. Zu diesem Zweck wurden den Wählern einige Monate vor der Wahl neun verschiedene Aussagen vorgelegt, die Einstellungen zur Republikanischen Partei oder zur Demokratischen Partei wiedergaben, wobei sich die einzelnen Aussagen mit unterschiedlicher Deutlichkeit für die Demokraten oder Republikaner aussprachen. Es zeigte sich, daß Wähler mit einer ausgeprägten Bevorzugung einer Partei nur wenige Aussagen bejahten (kleiner Akzeptierungsbereich) und sehr viele Aussagen ablehnten (großer Ablehnungsbereich), wobei der Indifferenzbereich sehr klein war. Personen mit einer eher ausgewogenen politischen Überzeugung wiesen dagegen einen größeren Indifferenzbereich auf, und die Bereiche der Ablehnung und der Akzeptanz waren etwa gleich groß (Sherif, Sherif & Nebergall 1965).

Scott (1968) führte als seiner Meinung nach einschlägige Meßdimensionen folgende an: (1) Die Richtung oder Valenz eines Einstellungs-Systems: Darunter wären die Sherif'schen Variablen zu subsumieren. Nach Bergius et al. (1970, Seite 247) sind darunter ,,positive Gefühle, Wertschätzung, Tendenz zur Annäherung oder zum Beistand für das Objekt der Attitude beziehungsweise negative Gefühle, Abwertung, Vermeidungstendenzen oder Schädigungstendenzen ihnen gegenüber" zu verstehen. (2) Ausmaß: ,,Extremisierungsgrad" einer Stellungnahme gegenüber einem Objekt. Der ebenfalls diskutierte ,,Intensitätsgrad" dürfte allerdings mit dem Extremisierungsgrad identisch sein. (3) Ambivalenz: Hierbei würde es sich gegenüber den von Sherif et al. (1965) vorgetragenen Dimensionen um eine zusätzliche handeln; denn es wäre dafür charakteristisch, daß gegenüber einem Einstellungsobjekt sowohl negative wie positive ,,Gefühle" vorhanden wären. (4) Bedeutsamkeit (,,salience"): Darunter ist in Anlehnung an Krech und Crutchfield (1948) das ,,Erleben einer Attitüde als zentral oder peripher zu dem Personkern" (Bergius et al. 1970, Seite 242) zu verstehen. Zur Operationalisierung dieses Erlebnistatbestandes wären auch die Fragestellungen heranzuziehen nach dem ,,Überzeugtheitsgrad", dem ,,Betroffenheitsgrad", dem ,,Gefühl der subjektiven sozialen Distanz" und dem ,,Begründungsbewußtsein" (Sodhi et al. 1957 u. a.), letztlich also dem Grad des ego-involvements bzw. dem Grad der „Verankerung" eines kognitiven Einstellungssystems in individuellen wie gruppenspezifischen Normen und Wertsystemen. Hinzu käme noch in jeder der angeführten Dimensionen (5) „der Grad, in dem die . . . behandelte affektive Seite unter den sonstigen zur Attitüde beitragenden Komponenten im Vordergrund steht" (Bergius et al. 1970, Seite 242).

Auch diese Versuche können noch nicht befriedigen, weil das wechselseitige Durchdringen affektiver (emotionaler) und kognitiver Gehalte zu wenig erforscht ist.

Verhaltensbedeutsamkeit

Die zentrale Frage ist, ob die Vorurteile, die wir mit uns herumtragen, unmittelbar und immer nicht nur als Verhaltensabsicht wirken, sondern auch in konkretes Verhalten umgesetzt werden. Diese unmittelbare Übersetzung von Vorurteilen in Verhalten ist situationsbezogen und damit abhängig von Zusatzbedingungen. Solchen Zusatzbedingungen wollen wir jetzt nachgehen. So kann beispielsweise nicht bestritten werden, daß bei einem positiven ersten Eindruck von einer einsamen attraktiven Frau in einem sonst leeren D-Zug-Abteil was bereits eine Zusatzbedingung ist –, die sich nicht mit der Erledigung schriftlicher Arbeiten befaßt –, was eine zweite Zusatzbedingung ist –, und außerdem in einem Nichtraucherabteil sitzt –, was eine dritte Zusatzbedingung ist, wenn ich selbst dogmatischer Nichtraucher bin –, ich mich entsprechend meinem Vorurteil verhalte und der attraktiven Frau gegenüber Platz nehme. Um noch ein anderes Beispiel zu nennen: Ein Produkt, das auf mich einen schlechten

Eindruck macht, wird – wenn nicht schon preisliche Vorteile geboten werden (1. Zusatzbedingung) und das angenommene einzugehende Risiko bei der Verwendung gering ist (2. Zusatzbedingung) – nicht gekauft werden. Und weiter: Wem würde es nicht schwer fallen, einen ersten affektiv negativen Gesamteindruck von einem Bewerber für eine bestimmte berufliche Position nicht verhaltenswirksam werden zu lassen?

Man kann also Vorurteile nicht als mehr oder weniger deutlich ausgeprägte verbale Kraftakte, die sonst ohne Bedeutung sind, ansehen. Allerdings müssen wir noch wesentliche Forschungsarbeiten leisten, um die jeweilige Verhaltensrelevanz von Vorurteilen vorhersagen zu können. Zum Beispiel: Wann und unter welchen Bedingungen führt ein vorhandenes Vorurteil über Lehrer und Mengenlehre zu einem Realverhalten in Form von Protesten jeder Art? Hierzu reicht es nicht, das negative Image über Lehrer schlechthin zu sehen, hierzu ist das Image des konkreten Lehrers X in seinem Unterricht über Mengenlehre zu berücksichtigen. Natürlich dürfen soziale Wechselwirkungen nicht ausgeklammert werden. „Die entscheidende Frage ist nicht: Sind Einstellungen (Vorurteile) und Verhalten aufeinander bezogen, sondern wir sollten fragen: Wann sind Einstellungen und Verhalten aufeinander bezogen und: Welche Faktoren bestimmen die Höhe der Korrelationen?“ (Kiesler et al. 1969, Seite 27). Für zusätzliche Informationen muß an dieser Stelle auf die weiterführende Literatur verwiesen werden (vgl. Bergler & Six, 1972; Six 1974, 1975 b).

Unverständlichkeiten

Wir wissen nun, was Vorurteile sind. Wir kennen die stabilisierenden Funktionen, die sie in unserem Leben positiv wie negativ haben. Wir wissen auch, welche Mechanismen den Prozeß der Vorurteilsbildung regeln, und darüber hinaus haben wir uns mit Merkmalen von Vorurteilssystemen vertraut gemacht, die zu kennen Voraussetzung für das bewußte Sehen eigener Vorurteile ist. Dieser Prozeß der Bewußtmachung ist schwierig, weil der Großteil unserer Lebenswirklichkeit, unseres naiven Verhaltens durch Vorurteile im weitesten Sinne gesteuert wird. Erlebnismäßig – und darauf ist immer wieder hingewiesen worden – lieben wir unsere Vorurteile, weil sie uns in unserer Umwelt stabilisieren, wir sie mit Freunden teilen, also darin bestätigt werden und wir deshalb auch von ihrer bestätigten Richtigkeit überzeugt sind. Daß ein Vorurteil durch häufige Wiederholung nicht richtiger wird, sehen wir immer nur an unseren Gegnern.

Es war auch schon von jenen zentralen Auslösern für diese Formen der Beurteilung unserer Um- und Mitwelt gesprochen worden, denen wir uns noch einmal zuwenden wollen: jenen Leer-Räumen des Nichtwissens, die zu einem gewissen Zeitpunkt – durch welche direkten oder indirekten Einflüsse auch immer – subjektiv als Informationsdefizit erlebt werden. Möchte ich oder sehe ich mich genötigt, allein aus einem Eindruck heraus zu urteilen, dann genügt ein Minimum an Ausgangsinformation, um ein Maximum nicht begründeter Aussagen über einen Meinungsgegenstand zu machen: Ich sehe eine Frau von hinten (Frisur, Kleidung,

Beine und eine spezifische Art des Verhaltens) und mache eine Aussage über Charakter, Temperament, Freizeitinteressen, Lebensstil usw. – Dieser Aspekt der Leer-Räume, des Informationsdefizits soll jetzt noch ergänzt werden um einen Erlebnisbereich, der in der bisherigen wissenschaftlichen Diskussion zu wenig berücksichtigt wurde. Gemeint ist das persönliche Erlebnis der Unverständlichkeiten bei Themen, die einen interessieren. Abzugrenzen hiervon sind angebotene hörbare, lesbare, aber auch visuelle Informationen, die man, wenn überhaupt, bemerkt, gleichzeitig aber als uninteressant, für die persönliche Lebenswirklichkeit unbedeutend abwertet, ablehnt, abtut. Dieses Verhalten, das beim Anblick japanischer Schriftzeichen, bei der Begegnung eines Schlossers mit einem Lehrbuch der Höheren Mathematik, beim Angebot von klassischer Musik an Menschen, die dafür keine Antenne entwikkelt haben, ausgelöst wird, soll in unserem Zusammenhang nicht weiterverfolgt werden. Wohl aber haben uns die persönlich erlebten Unverständlichkeiten immer dann zu interessieren, wenn wir uns ärgern, wenn wir betroffen sind, wenn wir etwas eigentlich wissen möchten und uns durch die Art der Informationsdarstellung vom Kreis derjenigen ausgeklammert fühlen, die solche Dinge wirklich verstehen. Daß es hier in unserem tagtäglichen Verhalten unzählige Beispiele gibt, wird im folgenden noch zu zeigen sein. Zunächst ist aber festzuhalten: Nicht nur Leer-Räume, sondern auch fortgesetzte Erlebnisse der Unverständlichkeiten führen zu Mängelerlebnissen, also Frustrationen, die wieder Vorurteile schaffen. Unverständlichkeiten sind also eine Vorstufe von Leer-Räumen; Leer-Räume an sich setzen jedoch keine Phase der Unverständlichkeit voraus. Das Erlebnis der Unverständlichkeit von interessierenden Themen, Objekten, Beziehungs- und Bedeutungszusammenhängen muß nicht zum Vorurteil führen, sondern kann eine Chance von Verstehen beinhalten. Wer jedoch über einen Sachverhalt unverständlich, subjektiv oder unrichtig informiert, der fördert nachdrücklich die Ausbildung jener Vorurteile, die sich dann nicht selten gegen den Verweigerer von verständlicher Information richten.

Auch im Bereich der Unverständlichkeiten wollen wir den empirischen Nachweis führen, und zwar in solchen Themenbereichen, die in vielen Gruppen unserer Bevölkerung von fast täglichem Interesse sind, ohne daß hier schon Antworten existierten. Wir fragen also nach Unverständlichkeiten, von denen der einzelne glaubt, daß im Falle ihrer Auflösung eine bessere Orientierung eigenen Verhaltens, also der persönlichen Lebensgestaltung möglich werde.

Beispiel 1: Das Erlebnis von Unverständlichkeiten in den Bereichen Wirtschaft und Politik bei Arbeitern.

Das weitgehende und allgemeine Nichtverstehen von Zusammenhängen formuliert sich zunächst pauschal, in Äußerungen wie den folgenden:

„. . .irgendwie ist das alles zu hoch, ich komme da selber nicht immer mit, man kann sich einfach kein richtiges Bild davon machen, so ganz richtig verfolgen kann man das nicht . . .“

„. . . man weiß ja nie genau, worum es im einzelnen geht, die ganzen Zusammenhänge kriegt man nicht so richtig mit, manches bleibt unklar, was die eigentlich diskutieren im Fernsehen, meist ist nur ein Teil verständlich . . ."

„. . . die größten Schwierigkeiten habe ich immer mit den Wörtern und Fremdwörtern, die da vorkommen, das ist so eine geschraubte Redeweise, als Volksschüler kennt man die ganzen Begriffe doch nicht, man bräuchte immer ein Lexikon wegen der Fachausdrücke, es sollte alles viel einfacher formuliert werden, jeder, der da Reden hält, bringt eine Menge Fremdwörter, die nicht erklärt werden, so lateinisch und so, das sollte alles viel volkstümlicher sein . . ."

„. . . man müßte da eigentlich noch viel mehr Interesse mitbringen, da müßte man sich erst wirklich intensiv einarbeiten, sich reinknien . . ."

Halten wir also fest: Informationen aus dem Wirtschaftsleben haben ein Image, das wesentlich durch Unüberschaubarkeit, Nichtverstehbarkeit und unverständliche Fachterminologie geprägt ist. Man vermißt die einfache, die direkte Sprache, die den Informationsempfänger unmittelbar trifft. Dahinter steht der Eindruck, daß man sich selbst in der Mehrzahl der Fälle nicht als Partner eines echten Kommunikationsprozesses erlebt. Wie frustrierend so etwas in einem persönlich stark interessierenden Bereich ist, zeigt die folgende typische Äußerung: „. . . die reden unter sich, reden über meinen Kopf hinweg, sprechen überhaupt nicht zu mir, da ich alles nie verstehen kann."

Wendet man sich nun konkreten Themen zu, und zwar der sicherlich komplizierten Währungsthematik, dann heißt es z. B.:

„. . . Da müßte man verstehen, welche Auswirkungen die verschiedenen Währungen der einzelnen Nationen haben; die Zusammenhänge mit den Vereinigten Staaten sind nicht klar; was die Währung in der EWG alles bedeutet, müßte erklärt werden, die gegenseitigen Abhängigkeiten der einzelnen Währungen voneinander; man müßte sagen, wie die Kurse zusammenhängen, was das für den Handel bedeutet, was das für den einfachen Mann bedeutet; mir ist nicht klar, welcher Zusammenhang zwischen Aufwertung und Abwertung und den teuren Lebenspreisen besteht, es fehlt da einfach am Bescheidwissen; ich habe noch nie verstanden, warum die Bundesrepublik immer Dollars aufkaufen muß, wir brauchen die doch gar nicht . . ."

Neben dem Unbehagen über die Uninformiertheit in währungspolitischen Fragen zeigen sich als ebenfalls unverständliche Themenstellungen – allerdings mit Abstand – die folgenden:

Mitbestimmung:

„. . . was da genau gemeint ist, müßte erklärt werden, Mitreden allein genügt doch nicht, dann will wohl jeder etwas anderes, der einfache Mann kann doch keine Firma leiten, es müßte genau geklärt werden, was Mitbestimmung ist, und was nicht . . ."

Steuerfragen:

„. . . das mit den Steuern ist alles ein ziemlicher Papierkram, das versteht man doch nicht, bis man das alles liest, wird man alt, das müßte einfacher und übersichtlicher gesagt werden . . ."

Preise, Preissteigerungen:

„. . . irgendwie versteht man nicht, warum das Geld immer weniger wert ist, man spricht immer von Prozenten der Teuerung, man ergreift Maßnahmen gegen die Preissteigerungen, der Zusammenhang zwischen solchen Maßnahmen und den Preisen ist nicht ganz klar, es wird ja alles immer teurer, da fehlt es an Aufklärung . . ."

„das kommt vielleicht irgendwie durch die Hochkonjunktur, durch die steigenden Bedürfnisse der Bevölkerung, die Leute haben zuviel Geld und geben deshalb auch viel mehr Geld aus, die Nachfrage wird dauernd größer, dadurch werden die Preise in die Höhe getrieben, die Ansprüche steigen, die Industrie weiß das und schraubt dadurch die Preise höher, heutzutage ist es doch den meisten gleichgültig, ob sie für ausgefallene Gegenstände 10 oder 20 Mark mehr bezahlen, die meisten sind nicht genug preisbewußt, dadurch steigen die Preise immer mehr, denn jeder Unternehmer ist darauf bedacht, so viel wie möglich Gewinn zu machen und der Staat tut sein übriges dazu, indem er auch ständig höhere Steuern verlangt . . ."

Wir müssen also festhalten: Bei all diesen Themen erleben sich die von uns untersuchten Arbeiter in einem Abseits der Unverständlichkeit, von dem sie gleichzeitig weg wollen. Denn immer wieder werden, wenn auch mit teilweise unterschiedlichem Gewicht, als Themen von persönlichem Interesse genannt:

Löhne und Preise; Steuerprobleme, Steuerreform, Steuererhöhung; Dollarkrise, Dollarabwertung; Währungskrise; Vermögensbildung; Verhältnis Arbeitnehmer–Arbeitgeber; EWG-Verhandlungen; Gastarbeiterprobleme.

Im Umfeld dieser Themen liegt also eine stets aktuelle Nachfrage nach Verständlichkeit. Natürlich rückt die sich verändernde tagespolitische Aktualität auch im Bereich der Unverständlichkeiten neue Themen in den Mittelpunkt des Interesses. Die „kommunikative Tragik" besteht letztlich darin, daß in allen angeführten Bereichen eine Überfülle an praktisch nicht überschaubarer Information vorhanden ist. Diese Fülle ist bei bestehendem hohem Informationsbedarf durch einen hohen Grad persönlicher Unverständlichkeit charakterisiert. Ein Bedarf an echter Information ist vorhanden. Allerdings müssen solche Informationen den persönlichen Wünschen und auch Sprachgewohnheiten angepaßt sein; erst dann kann mit der Bereitschaft zur Aufnahme und Verarbeitung gerechnet werden. Nicht die anonyme Allgemeinheit, nicht irgendwelche Interessenverbände oder organisierte Gruppen dürfen zentral angesprochen sein, sondern im Mittelpunkt muß das eigene Ich in seiner Wechselwirkung mit wirtschaftspolitischen und auch unternehmensspezifischen Themenstellungen stehen. Unsere untersuchten Arbeiter wollen letztlich in den angeschnittenen Problembereichen rationaler handeln, vernünftiger sein, als dies bei dem Stand ihres gegenwärtigen Wissens und bei dem überwältigenden Angebot unverständlicher Information in diesen Gebieten möglich ist. Erst wenn diese berechtigte Forderung nicht erfüllt wird, greift man zum ideologischen Vorurteil. Krisenzeiten – auch dies sollte man bedenken – erhöhen den Intensitätsgrad der Wünsche nach Verständlichkeit und bewirken dann eine frühere Flucht ins stabilisierende Vorurteil.

Beispiel 2: Das Erlebnis von Unverständlichkeit in bezug auf die Mengenlehre bei Müttern.

Besonders problematisch werden Unverständlichkeiten dann, wenn sie im Bereich alltäglicher Erziehungsnotwendigkeiten bei Müttern wirksam werden. Man stößt gleichsam fortwährend an Grenzen, die man eigentlich im Interesse des Weiterkommens seines eigenen Kindes überwinden müßte. Und diese Grenzen werden nicht erst dort sichtbar, wo es verständlich ist, Wissenslücken zu haben, nämlich bei Aufgaben in der Oberschule und in den Gymnasien, sondern man erlebt Unverständlichkeiten auf einer Ausbildungsstufe, die man selbst durchlaufen hat, nämlich der Volksschule. Die persönlich bedrückende und belastende Auseinandersetzung, ja fast schon resignierende Verzweiflung der Mütter mit volksschulpflichtigen Kindern, wenn es um die Mengenlehre geht, wird aus einem Querschnitt wörtlicher Äußerungen deutlich:

„. . . früher war es besser wie heute, die Mengenlehre und all sowas, die ist zu schwer für die Kinder und so komisch ausgedrückt, daß man es nicht verstehen kann; hat man ja selbst nicht gelernt und kann dann auch nicht helfen . . ."

„. . . die Kinder haben Mengenlehre und wie das ganze heißt, da komme ich nicht hinter; früher war das Rechnen einfacher, die Kinder werden mit der neuen Rechenmethode überfordert; ich tue mich selbst damit auch schwer, wir hatten das Einmaleins, Zusammenziehen, Abziehen und ein bißchen Raumlehre gehabt, das war aber auch alles . . ."

„. . . unser Jüngster muß in Mengenlehre Nachhilfe haben, denn ich begreife das nicht und kann ihm nicht helfen; er wird in Mathe ganz versagen; wenn man sich von dem das Einmaleins aufsagen läßt, kriegt man graue Haare; alle Eltern sind dagegen, nur vielleicht die jungen Mütter nicht, die haben vielleicht mehr Zeit und Geduld, ich habe die nicht, denn ich bin berufstätig . . ."

„. . . Mengenlehre ist Quatsch, das mit den Plättchen, den runden und den dreieckigen, habe ich nicht verstanden, ist zu kompliziert, es gibt da so kleine und so große Männchen; die machen auch so komische Zeichen für gleich und ungleich; mir wäre lieber das normale Plus und Minus, da könnte ich besser helfen . . ."

„. . . die Kinder haben die Mengenlehre auch nicht kapiert, das ist der größte Mist den es je gegeben hat . . ."

„. . . bei der Mengenlehre weiß ich nicht, was damit bezweckt wird; ich habe kein Bild davon, weiß nicht, wofür das später gebraucht wird, ob es wirklich nützlich ist . . ."

„. . . halte ich gar nichts davon, ich muß viel Rechnen im Leben, man geht da aber doch nicht so um den Brei herum, man geht doch den kürzesten Weg; bei der Mengenlehre wird alles so umständlich gerechnet . . ."

„. . . überhaupt die Mengenlehre, sie wurde in der einen Klasse gemacht, in der anderen nicht; es kommt sehr darauf an, wie die Lehrerin das erklärt, denn das verstehen die Kinder so schwer und es verschlechtert die Noten im Rechnen; das mit dem Zerlegen war den Kindern zu lange, wir wissen das als Eltern nicht, wenn die Kinder von der Schule kommen und es nicht kapiert haben, stehen wir wie der Ochs vorm Berg da . . ."

Wie zwischenzeitlich Untersuchungen eines repräsentativen Querschnittes der westdeutschen Bevölkerung ergaben (vgl. Kunkel 1975), treten die angeführten Verständnisschwierigkeiten nicht allein bei Müttern, die selbst nur eine Volksschulausbildung haben, auf, sondern auch bei Eltern mit höherer Schulbildung. Das Nichtverstehen der Mengenlehre bringt Mütter in die Konfliktsituation, ihren Kindern helfen zu müssen, aber nicht helfen zu können. Man sollte sich nicht wünschen, daß solche Nöte die Arbeitermütter – nur sie wurden in unserer Untersuchung berücksichtigt – dazu bringt, ihren Kindern von einer weiterführenden Schulausbildung abzuraten. Das Erlebnis: ,,Ich kann heute meinem Kind schon kaum mehr auf der Volksschule helfen, und dann erst recht nicht in der Oberschule", läßt eine weitergehende Bildungsmotivation schon erst überhaupt nicht aufkommen. Dieses fortgesetzte Nichtverstehen des Sachverhaltes ,,Mengenlehre" fördert zweifellos ebenfalls die Bildung von Vorurteilen. Eine Stabilisierung der eigenen Entscheidung wird erreicht durch ein generelles Vorurteil gegenüber dem Lehrer und den Aufbau eines weiteren Vorurteils, das sich in den Satz einer Mutter fassen läßt: ,,Lieber ein guter Hauptschulabschluß als in der Realschule ein paarmal sitzenbleiben."

Bildungspolitik ist auch eine Frage der Verständlichkeit, die im konkreten alltäglichen Schulunterricht erreicht werden muß. Aber vielleicht ist Bildungspolitik auch ein politisches Entscheidungsverhalten, dessen Alternativen sich aus ,,Pflastern" von Vorurteilen zusammensetzen, ohne daß es sich die daran Beteiligten so recht bewußt machen. Eines ist jedenfalls im negativen Sinne erreicht: Sowohl die mangelnde Verständlichkeit ganz bestimmter Methoden, und die Unüberschaubarkeit der Schulsysteme an sich, als auch die von Eltern gesehene Gefahr einer Politisierung der Schule haben den Zweifel an der Institution Schule und auch das Vertrauen in ein Staatswesen, das seinen Bürgern ein solches Angebot unterbreitet, vermindert. Die sich daraus entwickelnden negativen Vorurteile tragen sicherlich nicht dazu bei, Kinder auf weiterführende Schulen zu schicken. Daß diese Vorurteile – nur am Rande sei es vermerkt – doch auch einen Wahrheitskern im Felde von Nichtwissen und Unverständlichkeiten haben, dürfte einleuchten. Es ist auch der ,,kleine wahre Kern", der uns dazu bringt, unsere Vorurteile zu lieben.

Beispiel 3: Soziale Marktwirtschaft als unverständliches Fachwort bei Arbeitern.

Wir greifen noch ein letztes Beispiel der Unverständlichkeit – immer bezogen auf eine spezifische Gruppe – heraus: die soziale Marktwirtschaft. Die überwiegende Mehrzahl der dazu befragten Arbeiter ist nicht in der Lage, diesen Begriff einigermaßen genau zu umschreiben. Die Palette möglicher Deutungen ist reichhaltig. Ausgangspunkt ist praktisch immer das Element ,,sozial". Vor dem allgemeinen Hintergrund der Unverständlichkeit – ,,wieder so ein blödes Wort, für den Laien nicht verständlich, weiß nicht, was das ist, kann man sich nichts drunter vorstellen" – werden unter anderem folgende Vorstellungen mit dem Begriff der sozialen Marktwirtschaft in Verbindung gebracht:

„. . . das sind einfach alle sozialen Einrichtungen, die sozialen Einrichtungen in Krankenhäusern, daß neue Krankenhäuser gebaut werden . . .“

„. . . das muß der soziale Wohnungsbau sein, sind die Mietbeihilfen . . .“

„. . . hängt bestimmt mit den Bahnpreisen zusammen, die Preise für die Bundesbahn sind noch nicht sozial genug . . .“

„. . . denke an die Frage der Lohnfortzahlung, das ist gut, wird manchmal auch ausgenützt, ist eben eine soziale Komponente in der Wirtschaft . . .“

„. . . das ist das Sparprämiengesetz, die Sache mit dem Prämiensparen, da gehören wahrscheinlich auch die Bausparverträge dazu . . .“

„. . . die Sozialversicherung in meinem Betrieb ist gar nicht so arg schlecht, ist ganz gut, das sind die Sachen mit den Renten, mit den Rentengesetzen, daß die Altersgrenze endlich runtergesetzt wird . . .“

„. . . hat irgendwas mit sozialen Schichten zu tun, daß die sozialen Schichten einander besser angeglichen werden . . .“

Vor diesem Hintergrund des allgemeinen Unverständnisses erfolgte die intensive Untersuchung des Begriffselementes „sozial“. Aus den Äußerungen lassen sich folgende Aspekte entnehmen:

(1) Soziale Marktwirtschaft heißt: Vermeidung von Klassenschranken:

„. . . das würde doch bedeuten, daß ich mir als Arbeiter auch was leisten kann, das stimmt aber nicht, man kann zwar gut leben, aber bei größeren Dingen wie Urlaub oder Wohnungseinrichtung muß man schwer sparen, das müßte alles noch besser werden, in einer Sozialwirtschaft müßte auch meine Frau zu Hause bei den Kindern bleiben können und nicht arbeiten müssen wie jetzt, ein einziger Verdienst müßte für die Ernährung einer gesamten Familie ausreichen, die jetzigen Zustände sind noch nicht sozial, die Kleinen müssen immer noch mehr tun und arbeiten als die Großen, ein schöner Name und nicht viel dahinter . . ."

(2) Soziale Marktwirtschaft heißt: Wohlstand für alle: „. . . das Ziel der sozialen Marktwirtschaft ist ein reichhaltiges Angebot, viele Produkte zu kleinen Preisen, allgemeiner Wohlstand, allgemeine Wohlfahrt, sozial heißt, daß es größeren Nutzen für uns alle bringt . . ."

(3) Soziale Marktwirtschaft heißt: Gut und bewährt: „. . . finde ich irgendwie gut, daß es sozial ist, ist ausgezeichnet, paßt gut in unser System, halte eine solche Form für richtig, wir haben in Deutschland ja mehr als die meisten anderen Länder, ist allgemein zu begrüßen, ist vielleicht die beste Form von Wirtschaft die es gibt, sollte aufrecht erhalten bleiben . . ."

(4) Soziale Marktwirtschaft als nicht realisierbare Idee: „. . . eine solche soziale Idee wäre ausgezeichnet, aber die Menschen sind für die Anwendung zu schlecht, wenn jeder nehmen, kaufen und verlangen kann, was er will, wird das ganz schnell ausgenützt, da muß der Staat dann doch kontrollieren, ist eine Utopie, wenn man die Wirtschaft sozial machen will, ist es sehr schwierig, wenn man sozial sein will, muß man persönliche Härten vermeiden, eine Wirtschaft ist doch immer ein

Kampf, sozial aber heißt Erleichterung für alle Menschen, das ist schwer zu vereinbaren, kann bestimmt nie verwirklicht werden . . ."

Der Terminus „Soziale Marktwirtschaft" ist nach allen vorliegenden Befunden zwar bekannt, konkrete, sachlich zutreffende inhaltliche Definitionen gelingen aber kaum. Interessant ist allerdings, daß die von dem Element „sozial" ausgelösten Vorstellungen immer einen persönlich bedeutsamen Bezug herzustellen versuchen. Idee und Realität der sozialen Marktwirtschaft sind dem hier untersuchten Personenkreis noch nicht in dem erforderlichen Maße verständlich vermittelt worden. Beispiele dieser Art ließen sich fast unbegrenzt weiterführen. Und dies alles zu einem Zeitpunkt, in dem man sich, was die Menge anlangt, über das vorhandene Informationsangebot weiß Gott nicht beklagen kann.

Haben wir hier vielfach die Rechnung ohne den Wirt gemacht? Haben wir übersehen, daß die Menschen nicht nur Informationen aufnehmen, sondern auch verarbeiten? Das heißt, wir geben nicht eigentlich Informationen, wir beschränken uns auf die „Einbahnstraße" der Mitteilung und Bekanntmachung. Der mögliche Einwand, daß wir heute über die verschiedensten Medien eine genügende Anzahl einschlägiger Informationen zur Verfügung hätten, ja, daß wir eher an einem Zuviel als an einem Zuwenig, nämlich an einer Reizüberflutung litten, muß auf Grund zahlreicher Informationsbedarfsanalysen, auf Grund gesicherter Diagnosen berichtigt werden, denn: Ein Großteil der Informationen – die Beispiele zeigen es – erleichtert nicht die Verständigung. Das heißt, soweit bei vorhandenem Interesse eine Information nur verschwommen wahrgenommen wird, vergrößern sich die Bereiche des Unverständlichen nur noch weiter, ja sie aktualisieren sich, und das ist gefährlich; eine spannungslösende Kommunikation findet nicht statt. Daher – und dies ist das Entscheidende – existiert ein hoher Bedarf an persönlich bedeutsamer und verständlicher Information auch über wirtschafts- und gesellschaftspolitische Beziehungen und Bedeutungszusammenhänge, in die sich jeder einzelne einbezogen und teilweise auch eingezwängt erlebt. Den so skizzierten Unverständlichkeiten können wir nur durch verarbeitbare, also bedarfsadäquate und zielgruppenspezifische Informationsangebote begegnen, sonst steht der einzelne weiter verlassen und verunsichert in einer sich ständig ausweitenden Welt der Unverständlichkeiten. Aber machen wir uns nochmals die entscheidenden psychologischen Prozesse deutlich: Die Wahrnehmung und das Erlebnis von Leer-Räumen, von Nicht-Wissen und Unverständlichkeiten bei Themen, an denen man interessiert ist, wie auch vorenthaltene Informationen sind Auslöser der Vorurteilsbildung. Leer-Räume geraten, wie schon dargetan, immer unter Etikettierungszwang, was dann bei nicht möglichen rationalen zu quasi-rationalen Problemlösungen und dem Aufbau affektiver Spannungen führt. Man kann Leer-Räume – so hatten wir an anderer Stelle bereits formuliert – nicht leer lassen, auch wenn dies kurzfristig bequem und angemessen erscheinen mag. Unqualifizierte Angebote für Leer-Räume sind immer auf dem Markt. Der zunehmende Komplexitätsgrad der Realität macht, bei vielfach fehlender Informationsbereitschaft spezifischer Gruppen, verständlich, warum Ideologien als maximale Vereinfachungs- und Erklärungsmechanismen mit einer zunehmenden Nachfrage rechnen können. Schon die experimentelle

Herbeiführung von sozialer Isolation, die beispielsweise durch Kommunikationsverbot zwischen einander unbekannten Personen über längere Zeitstrecken erreichbar ist, führt zu massiven psychischen Belastungen, zu Spekulationen und Verzerrung.

Art und Umfang des wechselseitigen Informationsaustausches wie auch der etablierten Kommunikationsnetze bestimmen in gleicher Weise Konfliktentstehung wie Konfliktlösung. Positive Kommunikationsstrategien sind immer auch Konfliktlösungsstrategien. Daß die Entwicklung solcher Strategien nicht von einem selbstkonstruierten Bild der Zielgruppe, des anzusprechenden Personenkreises, sondern ausschließlich von der Diagnose der psychologischen Realität ausgehen kann, muß nach dem Dargestellten einleuchtend sein. Bei der Beschäftigung mit den Bereichen der Unverständlichkeiten ist immer wieder die Unterscheidung nach „bemerkten" und „unbemerkten" Unverständlichkeiten im Auge zu behalten. Denn zweifellos gibt es genügend Informationen, an deren Verständlichkeit keinerlei Interesse besteht. Unsere Nachfrage nach Verständlichmachung ist, zusätzlich, wie auch Dumber (1960; 1970) zeigen konnte, vom Erlebnis der Kompliziertheit einer Information mitbestimmt. Nur ein mittlerer Schwierigkeitsgrad vermag unsere Fragen, unsere Neugierde, unsere Informationssuche anzuregen. Hinzukommen muß das persönliche Interesse.

Informationsverarbeitung

Menschen müssen Informationen verarbeiten; ihre Lebensfähigkeit und ihr soziales Verhalten hängen hiervon entscheidend ab. Ohne Informationsaustausch und -verarbeitung sind menschliche Existenz, Kultur und Zivilisation nicht denkbar. Dieser allgemeinen und grundsätzlichen Feststellung stehen aber sogleich ganz bestimmte Schwierigkeiten im Wege. Sie treten vielfach dann auf, wenn es um die konkreten Informationsinhalte geht, die zwischen Personen oder auch zwischen Medien (Zeitungen, Zeitschriften, Fernsehen, Funk) und Personen ausgetauscht und angeboten werden. Wir haben im Vorangegangenen schon zu zeigen versucht, daß Eindrücke und Vorurteile einen erheblichen Teil der von jedem einzelnen praktizierten Informationsverarbeitung bestimmen. Wie es zur Ausbildung von Vorurteilen kommt, war anhand der „Leer-Räume" und der „Unverständlichkeiten" erörtert worden: Vorurteile erfüllen spezifische Funktionen im Rahmen der menschlichen Umweltbewältigung. Wie aber werden Informationen auf der Basis von Vorurteilen und echtem Wissen verarbeitet? Das zu wissen ist wichtig für den, der Vorurteile abbauen, der mitmenschliche Verständigung erleichtern will. Verstehen ist, wie jedermann weiß, keine Selbstverständlichkeit, sondern an eine Vielzahl von Bedingungen geknüpft. Da wir uns diese so wenig bewußt machen, unser Informationsaustausch vielfach von einem ausgeprägten egozentrischen Standpunkt bestimmt ist, entsprechend der Devise „wer mich nicht versteht, ist selbst daran schuld", ist das Feld der Mißverständnisse groß und Verstehen zu einer Seltenheit geworden. Dabei müßte dies in dem diagnostizierbaren Umfang eigentlich überhaupt nicht der Fall sein. Wir könnten uns mehr verstehen, wenn wir uns die Quellen von Kommunikationskonflikten besser klar machten. Freilich: Das Wissen allein genügt nicht, auch der Wille muß da sein. Was im folgenden deutlich gemacht werden soll, ist ein Mehrfaches: (1) Die Rahmenbedingungen des Informationsaustausches und der Informationsverarbeitung, (2) die gesellschaftlichen Veränderungen und deren Einfluß auf mitmenschliche Verständigung und (3) die Psychologie des Mißverständnisses.

Grundlagen der Verständigung

Da Vorurteile, Eindrücke und Meinungen nicht losgelöst sind von dem, der sie hat, und für ihn solche „Etikettierungen" wesentliche Gegenstände sozialer Austauschprozesse sind, also menschliche Gespräche und Diskussionen inhaltlich füllen, muß nunmehr dieser Prozeß der Wechselwirkung näher untersucht werden. Vorurteile entstehen ja bekanntlich aus der Wechselwirkung zwischen Personen, sie können letztlich auch nur durch Wechselwirkungen abgebaut oder – was sicherlich häufiger vorkommt – durch andere Vorurteile, die vielleicht sogar sozial weniger gefährlich sein könnten, ersetzt werden. Unter welchen Bedingungen vollziehen sich diese Austauschprozesse? Damit kommen die schon geläufigen Fremdwörter Kommunikation und Kommunikationsfähigkeit in die Diskussion.

Kommunikation ist im Idealfall ein wechselseitig sich steuernder und in einer jeweils spezifischen Situation ablaufender Austauschprozeß von Informationen auf der Basis eines gemeinsamen Codes. Für die am jeweiligen Kommunikationsprozeß Beteiligten, also die Gesprächspartner, müssen mit einem spezifischen Zeichen (Wort, Begriff, Geste, Augenzwinkern usw.) die gleichen Bedeutungen verbunden sein, die Gesprächspartner müssen – immer im Idealfall – beide mit einer Aussage die gleichen Vorstellungen, Bewertungen und Bedeutungen verbinden. Nur auf dieser Basis sind Mißverständnisse ausgeschlossen. Wesentlich ist, daß wir einem Zeichen immer nur die Bedeutung zuordnen können, die wir gelernt haben. Da wir aber nicht alle in die gleiche Schule gegangen sind, nicht die gleichen Eltern haben, nicht in gleichen Vereinen und Gruppen, auch nicht in gleichen Unternehmungen groß geworden sind, ist die Wahrscheinlichkeit, daß wir alle mit einem Zeichen die gleiche Bedeutung verbinden, äußerst gering. Also können unterschiedliche Menschen für ein und dasselbe Zeichen eine unterschiedliche Bedeutung lernen. Ein ganz bestimmtes Signal kann also für den einen „Flucht", für den anderen „Angriff" bedeuten.

Die Zeichen einer Sprache sind begrenzt, unbegrenzt sind die Möglichkeiten, diese Zeichen mit Bedeutung aufzuladen. Das geschieht aber dann in Gruppen und Schulen, so daß es sinnvoll ist, in einem Gespräch zunächst einmal davon auszugehen – wenn keine gegenteiligen Informationen vorliegen –, daß der notwendige gemeinsame Code nicht selbstverständlich gewährleistet ist. Auch die Bewertung des mit einem Begriff gemeinten Sachverhaltes wird in Lernprozessen erst erworben. So lernen wir beispielsweise in unserer Kultur, daß Eigenschaften zur Beschreibung von Personen, wie begabt, gesund, intelligent, tolerant, verläßlich, zuverlässig, stets positiv bewertete Eigenschaften sind.

Natürlich gibt es auch Zeichen, mit denen eine Gruppe konkrete Vorstellungen und Bedeutungen verbindet, eine andere höchstens vage Vermutungen hegt und eine dritte schließlich überhaupt nichts anfangen kann, also Unverständlichkeit erlebt. Gerade die wissenschaftliche Fachsprache leidet darunter, daß nur wenige gelernt haben, mit ihr umzugehen, während alle übrigen im Vorfeld der Unverständlichkeiten bleiben müssen, damit von Überlegungen und Erkenntnissen einer Gruppe ausgeschlossen sind, die unter Umständen für das eigene Überleben entscheidende Bedeutung haben. Die immer nur einer bestimmten Gruppe verständliche Eigensprache erschwert den Kontakt zwischen Gruppen, macht ihn teilweise völlig unmöglich, ja sie kann als Bestrafung empfunden werden. Versteht man sich, dann ist Informationsaustausch Belohnung.

Aber machen wir uns das Erlernen von Bedeutung noch an wenigen Beispielen deutlich. Fragen wir uns einmal, welche Vorstellungen wir mit Begriffen wie „Naßpartie", „Silikatmodul", „fliegender Rollenwechsel" verknüpfen. Nichtwissen und Unverständlichkeiten sind hier sicher weitverbreitet. Fachleute, die diese Zeichen gelernt haben, geben folgende Definitionen:

Naßpartie:
Für Fachleute der Papierindustrie ist das:
„. . . Pressepartie in einer Papiermaschine, die aus der Masse Material einen gewissen Anteil auspreßt . . ."
„. . . erste Bildungsstufe zum Papierblatt; Teil der Papiermaschine, wo die Papierbahn naß ist; Teil einer Papiermaschine, in der Flüssigkeit mechanisch entfernt wird . . ."

Silikatmodul:
Für Fachleute der Zementindustrie ist das:
„. . . Bewertungsmaßstab für Silikatanteil im Rohmehl; gehört zum Kalkstandard; Verhältnis von $Si O_2$ zu $AL_2O_3 + Fe_2O_3$; gehört zur chemischen Zusammensetzung im Zement; Formel von Prof. Kühl, nach der der Silikatanteil berechnet wird . . ."

Fliegender Rollenwechsel:
Für Fachleute der Papierindustrie ist das:
„. . . Wechsel der Papierbahn bei laufender Maschine; Bekleben von zwei Papierbahnen im Lauf; Verbindung der ablaufenden mit der zulaufenden Rolle . . ."

Fachsprachen werden nicht nur von Wissenschaftlern, Technikern und auch Facharbeitern entwickelt, letztlich hat jede menschliche Gruppe auch ihre eigene Sprache, häufig nur mit dem Unterschied, daß Begriffe aus der Umgangssprache verwendet werden, die trotz allem unterschiedlich gedeutet und möglicherweise auch bewertet werden.

Zusammenfassend und ergänzend sei festgehalten: (1) Zeichen jeder Art und damit auch Begriffe können auf dem Hintergrund unterschiedlicher Lernbiographien ein gruppenspezifisches, dabei aber eindeutiges Bedeutungsprofil haben. (2) Zeichen können für bestimmte Gruppen auch bedeutungslos, das heißt unverständlich sein. (3) Mit der Verwendungshäufigkeit eines Begriffes nimmt auch bei Vernachlässigung des Aspektes der Gruppenspezifität der Grad der Vieldeutigkeit zu. Ein Beispiel dafür wären die Definitionen von Demokratie, Freiheit, Modernität. Damit Kommunikation nicht nur ein unverständlicher Begriff, ein Zeichen mit verschiedenartigster Bedeutung ist, sollen im folgenden in Anlehnung an Watzlawick et al. (1969) einige wesentliche Aspekte zum Thema Kommunikation dargestellt werden: Es ist unmöglich, nicht zu kommunizieren: Man kann sich „nicht“ nicht verhalten und damit nicht „nicht“ kommunizieren. Konkret heißt das, auch ein Mensch, der keine Information weitergeben will, kommuniziert trotzdem, denn sein Nicht-Verhalten wird interpretiert. Auch Zeichen des Nichtverhaltens werden also mit Bedeutung aufgeladen.

Kommunikation ist „ein ununterbrochener Austausch von Mitteilungen“, d. h. Kommunikation ist, wenn sie wirklich stattfindet, wenn verständliche Information entwickelt und vermittelt werden soll, eine „Interpunktion von Ereignisfolgen“ (Whorf, 1956, Seite 28), also Wechselwirkung. Ohne Rückmeldungen und ihre wechselseitige Berücksichtigung ist Verständigung nicht möglich.

Jede Kommunikation hat einen inhaltlichen Aspekt in Form von Daten (Objektinformationen) und einen Beziehungsaspekt, der die Art der Auffassung dieser Daten mitbestimmt (Informationen über die Informationen). So erfährt das vermittelte Leistungsangebot eines Unternehmens (= Objektinformation) seine spezifische Bedeutung und Bewertung durch die Imagewerte des Unternehmens (= Information über Information). Und in bezug auf Personen formuliert: Das, was ein Mensch an Aussagen macht, an Informationen weitergibt, ist für den „Empfänger“ immer auch durch dessen Meinung über den „Sender“, also beispielsweise, ob er ihn für besonders glaubwürdig hält oder nicht, mitbestimmt.

Soziale Wechselwirkung und Kommunikation umschließen sowohl verbale wie non-verbale Kommunikation (vgl. Scherer 1972). Wir haben schon in Verbindung mit der Psychologie des ersten Eindrucks aufgezeigt, wie stark die Beurteilung unserer Mitmenschen von ganz bestimmten äußerlichen Details (Brille, Kleidung, Körperhaltung usw.), also non-verbalen Qualitäten mitbestimmt ist. Und jedermann weiß, wie bedeutsam mimisches, pantomimisches Verhalten und auch die Stimme für den Austausch und die Verarbeitung von Informationen sind. Die Kommunikation zwischen Partnern, die sich noch nicht kennen, beginnt zumeist non-verbal, mit nicht-sprachlichen Zeichen, die ebenfalls mit einer bestimmten Bedeutung aufgeladen sind. Verständigung ist also non-verbal möglich, setzt aber auch einen gemeinsamen Code voraus. Im Alltäglichen laufen allerdings Kommunikationsprozesse weitgehend gleichzeitig verbal und non-verbal ab.

Zu dieser üblicherweise praktizierten gleichzeitigen Kommunikation auf mehreren Kanälen und deren Wirkungsweisen liegen noch kaum Untersuchungen vor. Bugental und seine Mitarbeiter (1970) haben Kommunikationsprozesse zwischen Eltern und ihren Kindern unter Berücksichtigung verbaler (Inhalt), vokaler (Stimmfall) und visueller (Gesichtsausdruck) Kanäle untersucht. Dabei widersprachen sich die über die verschiedenartigen „Kanäle" übermittelten Kommunikationsaspekte. Zum Beispiel waren verbale Vorwürfe von einem Lächeln begleitet. Solche Diskrepanzen wurden von Kindern wesentlich negativer ausgelegt als von Erwachsenen, das heißt, ein Lob wird nicht erkannt, wenn der Tonfall tadelnd wirkt. (Untersuchungen, die diesen Zusammenhängen nachgehen, nehmen ständig zu; vgl. unter anderem Bales 1950; Duncan u. Rosenthal 1968; Exline et al. 1965; Holzkamp 1969; Hull 1966; Materazzo 1965; Rodenfeld 1967; Sommer 1968.) Um es noch einmal zu wiederholen, ein Informationsaustausch, der diese Bezeichnung verdient, hat viele Voraussetzungen. Wollen wir Vorurteile ändern, auch wenn wir sie lieben, dann müssen wir diese Vorurteile erst genau kennen. Ihr Abbau beginnt nicht durch Darstellung der richtigen Gegenposition, sondern durch eine Weiterentwicklung, durch eine Veränderung der bestehenden Vorurteile und dies mit Hilfe von Partnern und Medien, die Sprache wie Bedürfnisse der Anzusprechenden verstehen und im Stande sind, diese zu sprechen und zu schreiben. Und vergessen wir nicht: Das richtige Wort kommuniziert erst in der richtigen Verpackung. Wenn zwei das gleiche sagen, ist es nicht das gleiche!

Von der Kommunikation zur Manipulation

Im Vorausgegangenen war deutlich geworden, daß Kommunikation, ob verbal verständig oder non-verbal, ein Austauschprozeß von Informationen ist. Verstehbar werden diese Informationen nur, wenn die am jeweiligen Austauschprozeß beteiligten Personen mit den zur Kommunikation verwendeten Zeichen die gleiche Bedeutung verbinden. Deutet ein Arbeiter das Zeichen Belegschaftsaktien als „Manipulation des Arbeiters in betrügerischer Absicht", dann ist Verständigung mit dem Unternehmer zweifellos nicht gewährleistet. Oder, um noch ein weiteres bereits früher angeführtes Beispiel zu wählen: verbindet ein Diskussionspartner mit dem Zeichen Sozialismus die Bedeutung Enteignung und der andere denkt an humane Lebensbedingungen, dann kann von Kommunikationsfähigkeit nicht gesprochen werden.

Wenn wir Mißverständnissen vorbeugen wollen, muß uns bewußt sein, daß Zeichen im Laufe eines Lernprozesses mit individuellen und gruppenspezifischen Bedeutungen aufgeladen werden. Nicht jede in Wort, Bild und Ton gesendete Information wird von vornherein so, wie wir es wünschen, verstanden. Dieser Ansatz gilt ganz entsprechend für den Bereich der Massenkommunikation. Auch dort kann man nicht einfach kreative Eigenideen und Vorstellungen senden, auch hier muß man beim Empfänger der Information beginnen. Wer die Welt des Empfängers kennt, hat den Schlüssel für Entwicklung von verständlichen Informationsstrategien. Rahmenbedingungen möglicher Verständigungen mit einer Zielgruppe zu einem speziellen Thema zu analysieren, setzt voraus, den Informationsbedarf empirisch zu erfassen. Intensität und Häufigkeit dieses „feed back" sind entscheidend für die erreichte Kommunikationsqualität. Eine zentrale Aufgabe der psychologischen Kommunikationsanalyse besteht deshalb darin, die angestrebte Kommunikation zwischen dem Sender – das kann eine Partei, ein Unternehmen, eine Persönlichkeit sein – und den einschlägigen Zielgruppen bereits vor der Gestaltung und textlichen Verarbeitung des entsprechenden Informationsmaterials im Modell herzustellen.

Zweifellos erwarten Arbeiter etwas anderes vom Unternehmen als das Top-Management; sie wollen – wie wir an anderer Stelle dargestellt haben – verständliche und ehrliche Information über die wirtschaftliche Lage des eigenen Unternehmens, die Rechte des Arbeitnehmers usw. Viele, die glauben, ausreichende Informationen zu übermitteln, irren sich. Nicht was man glaubt, daß der Markt an Informationen verbaler und non-verbaler Art brauche, ist von Bedeutung, sondern ausschließlich das, was der Markt glaubt, an Informationen zu benötigen. Nur wer an diesen Istwerten anknüpft, das heißt wer auf die Aufnahmebereitschaft eines Menschen zu einem bestimmten Zeitpunkt Rücksicht nimmt, kann Einstellungen, Vorurteile allmählich ändern.

Wenn die angeführten Zusammenhänge zutreffen, muß sich dies im Positiven wie im Negativen empirisch nachweisen lassen. Dazu zwei Untersuchungsbefunde:

Die Wirksamkeit von Fernsehspots einer Anti-Raucher-Werbung:

Dabei konnte nachgewiesen werden, daß dieser Werbefeldzug nur dort zu der beabsichtigten Verhaltensänderung führte, wo bereits nachweislich hohe Bereitschaft zum Abgewöhnen des Rauchens bestand. Wirksamkeit der Werbung hat also latente Bereitschaften zur Voraussetzung (vgl. O'Keefe 1971).

Der Bumerang-Effekt:

Damit ist gemeint, daß immer dann, wenn Informationen an einen Empfänger gelangen, die seinen eigenen Meinungen oder auch Wertverankerungen diametral entgegenstehen, eben diese Meinungen nicht im Sinne der Neuinformation verändert, sondern ganz im Gegenteil die ursprünglichen Einstellungen noch weiter verfestigt werden. Wir haben diesen Bumerang-Effekt anhand einer Untersuchung über die Wirkung des Verbotes phosphathaltiger Waschmittel in verschiedenen Regionen der USA bereits nachgewiesen (siehe Seite 112 f.).

Sicherlich sind mit den bisher dargestellten Rahmenbedingungen der Kommunikationsfähigkeit und damit des verständlichen Informationsaustausches nicht schon alle Einflußgrößen der Kommunikation berücksichtigt. Denn zunächst sind erst die Grundvoraussetzungen, die gegeben sein müssen, wenn Verständigung möglich sein soll, erörtert worden. Hinzu kommen – dies ist besonders im Bereich der Massenkommunikation eingehend untersucht worden – weitere Wirkungsgrößen, denn die gemeinsame Sprache ist notwendige, aber nicht hinreichende Voraussetzung für Kommunikation. Diese zusätzlichen Bedingungen werden im folgenden (vgl. dazu McGuire 1969 u. a.) nur zusammengefaßt angeführt:

(1) Quellen-Variablen

Ein und dieselbe Information kann unterschiedlich wirken, je nach der Glaubwürdigkeit desjenigen, der sie verbreitet.

(2) Botschafts-Variablen

Hier geht es um Fragen der Art und des Stils der gewählten Argumentation.

(3) Kanal-Variablen

Es ist unterschiedlich, ob eine Information über die Zeitung verbreitet wird, ob sie den Empfänger in bewegten Bildern erreicht (Fernsehen) oder ob sie durch eine Stimme, die mehr oder weniger sympathisch sein kann, vermittelt wird.

(4) Empfänger-Variablen

Hierzu gehören alle für die Aufnahme – Verarbeitung oder Ablehnung von Informationen – wichtigen Persönlichkeitsmerkmale, wie Intelligenz, Beeinflußbarkeit, Gewohnheiten und anderes. Nicht zu vergessen sind mögliche Gruppensituationen beim Empfang und deren Einflüsse.

(5) Ziel-Variablen

Dabei wurden bisher zwei Probleme besonders untersucht: (1) Fragen, die sich auf den Einsatz, die Dauer der Informationsvermittlung und damit der Nachhaltigkeit der Wirkung beziehen. (2) Fragen, die sich mit Gegenaktionen, mit den Möglichkeiten der Immunisierung beschäftigen.

Wenn heute von Kommunikation und Massenkommunikation die Rede ist, dann gibt es hierzu, wen wundert das, den entsprechenden Gegenbegriff, gemeint ist hier die Manipulation. In der Diskussion um die Wirksamkeit der Werbung bestimmen immer noch wissenschaftlich überholte Wirkmechanismen die Szene. Schon in den an früherer Stelle erwähnten Formeln der öffentlichen Meinung sind solche angenommenen Wirkmechanismen indirekt angesprochen worden. Ohne vollständig sein zu können, seien nur zwei Aspekte herausgegriffen:

Das Reiz-Reaktions-Modell

Trotz aller sozial- und marktpsychologischen Erkenntnisse, aber auf dem Hintergrund eines verständlichen interessegebundenen Wunschdenkens wird immer noch die Wirkung von Sendungen der Massenkommunikation, einschließlich der Werbung, im Sinne eines einseitigen Reiz-Reaktions-Modells gesehen. Hier spielen dann auch die überholten Diskussionen um Aufmerksamkeitswerte, Reklameaufwand usw. eine Rolle. Konkret heißt es häufig, man müsse nur lange und intensiv genug die Werbetrommel betätigen, um den gewünschten Erfolg auszulösen, ja ihn gleichsam zu verursachen. Diese Annahme widerlegen eine Vielzahl von Untersuchungen, aber auch von Fehlinvestitionen, die diesem Wunschbild der ,,hidden persuaders" aufgesessen sind (vgl. dazu auch Koeppler 1974).

Die unterschwellige Werbung

Dieses Thema ist noch immer von hoher Aktualität. Politiker, Pädagogen, Funktionäre, aber auch Theologen scheinen gar keinen Zweifel mehr am Funktionieren dieses Mechanismus zu haben. Die ständige Wiederholung der Behauptung ersetzt nicht den empirischen Nachweis. Es ist ein prototypisches Beispiel von naiv-gefährlicher Umweltverarbeitung, wenn man bei einer solchen Diskussion überhaupt nicht auf die Idee kommt zu fragen, ob denn mögliche Wahrnehmung unterhalb der Bewußtseinsschwelle wirksamer ist als eine Wahrnehmung oberhalb der Schwelle. Wir können hier nur mit dem Hinweis auf einschlägige Literatur (Koeppler 1972) feststellen, daß zum gegenwärtigen Zeitpunkt die vorliegenden empirischen Untersuchungen und Experimente gegen die als gültig hingestellte Annahme sprechen. Es ist eben noch nicht bewiesen, daß Entscheidungen gezielt unterschwellig beeinflußt werden können.

Aber wenden wir uns noch etwas näher dem Reizwort ,,Manipulation" zu; hier handelt es sich um einen Schlüsselreiz ersten Ranges, der mit Vorliebe für das

Verhalten von Fremdgruppen angewandt wird, ohne aber selbst kritisch hinterfragt zu werden. Es müßte aber doch dem homo sapiens auffallen, daß in der alltäglichen Auseinandersetzung mit Feindgruppen immer Manipulation, in der mit Freundgruppen immer Information in Zusammenhang gebracht wird. Wie in alle Begriffe von hoher Aktualität wird auch in Manipulation vieles hineingedeutet; eine exakte Definition bereitet erhebliche Schwierigkeiten. Es klingt plausibel, unter Manipulation alle Maßnahmen zur einseitigen und unerwünschten Beeinflussung menschlichen Verhaltens zu verstehen und dann bestimmte Massenmedien oder auch die Werbung als manipulative Instrumente zu etikettieren. Folgt man einer Formel der öffentlichen Meinung in bezug auf Werbung, dann würde sie einfach Bedürfnisse wecken, also den Menschen manipulieren. Bei einer solchen Lesart werden unsere Frauen – und mit einem gewissen Abstand auch die Männerwelt – zum Konsum von Körperpflegemitteln und Kosmetika verführt, sprich manipuliert. Ist diese Betrachtungsweise wirklich haltbar? Nach allem, was wir wissen, ist Körperpflege und Kosmetik keine Erfindung der so viel geschmähten Konsumgesellschaft, sondern eine des klassischen Altertums und früherer Kulturen. Lange vor unserer Zeitrechnung findet sich im alten Ägypten sowohl der Beruf der Kosmetikerin – als auch eine Vielzahl einschlägiger Werkzeuge (Schminkpaletten, Spiegel, Färbemittel, Perücken, künstliche Augenbrauen etc.).

Anscheinend müssen also doch ganz bestimmte Voraussetzungen erfüllt sein, wenn Angebote verhaltenswirksam werden sollen. Mit der Manipulation, der Verführung ist es nicht so einfach. Dies belegt doch schon der Tatbestand, daß die in Zeiten wirtschaftlicher Rezession über alle Kanäle der Massenkommunikation durch die verschiedensten politischen Autoritäten gesendeten Aufforderungen zur Ankurbelung des privaten Konsums kaum Erfolg haben. Für die hier gemeinte Aufforderung zu mehr Konsum werden die Vokabeln Manipulation oder Verführung nicht akzeptiert. Das wiederum ist für unsere Thematik nicht uninteressant. Es kommt wohl auf die subjektive oder auch ideologische Bewertung eines Verhaltens an, um es als ,,manipulativ" oder ,,informativ" zu bezeichnen. Wir wollen nicht bestreiten, daß eine Beeinflussung im Sinne von Indoktrination existiert; allerdings ist dies an das gleichzeitige Vorhandensein spezifischer Bedingungen am Meinungsmarkt gebunden:

(1) Das Fehlen konkurrierender, verständlicher, auf bestimmte Zielgruppen gerichteter Informationen.
(2) Das homogene ideologische Verhalten von Meinungs-Multiplikatoren.
(3) Die Existenz von Leer-Räumen über längere Zeitstrecken.
(4) Das zunehmende Angebot scheinbarer Problemlösungen für die sich ausweitenden Leer-Räume.

Unter diesen Aspekten ist eine pluralistische Gesellschaft, in der Meinungen frei miteinander konkurrieren, die massivste Barriere gegen eine Vereinheitlichung von Meinungen und damit Manipulation. Demokratische Gesellschaften sind nur durch Kommunikation, nicht aber durch Manipulation führbar. Wir dürfen uns allerdings nicht darüber hinwegtäuschen, daß die Pluralität einer Gesellschaft selbst wieder zum Problem wird: Mit zunehmender Pluralität wächst die

Anonymität, die Unüberschaubarkeit. Auch hier kann wieder Leer-Raum entstehen, der unter Etikettierungszwang gerät. Die einzige Chance der Manipulation in einer pluralistischen Gesellschaft liegt in der fortgesetzten Verweigerung von Kommunikation, also der für die jeweiligen Zielgruppen verständlichen und von diesen auch erwarteten Information.

Wie Mißverständnisse entstehen

Kommunikative Entfremdung

Mangelndes Verstehen, fortlaufende Mißverständnisse und daraus mitbegründete soziale Konflikte sind zusätzlich belastet durch die steigende Zahl der Meinungs- und Kommunikationskonflikte. Es scheint im Bereich von Soziologie und Sozialpsychologie weitgehend Einigkeit darüber zu bestehen, daß die gesellschaftliche Realität, in der wir leben, zunehmend pluralistischer, komplexer und unübersichtlicher wird. Das äußert sich in der fortschreitenden Aufteilung in immer neue Subgruppen, Interessenverbände, Bürgerinitiativen, politische Splittergruppen. Spezifische Merkmale der Gruppen sind eigene Namen, eigene Hierarchie, eigene Ideologien, eigene Informationsbedürfnisse, aber auch eigene Sprachregelungen. Und gerade die eigene Sprache – und dies wurde bereits eingehend erörtert –, die eigenen Begriffe, haben in unterschiedlichen Gruppen nicht die gleiche Bedeutung. Mit der zunehmenden Pluralität wachsen also auch die Möglichkeiten der Mißverständnisse, des einander wechselseitig Nicht-mehr-Verstehens. Diese Differenzierung der Gruppen geht parallel mit wachsender sozialer Distanz zwischen den sich bildenden Gruppierungen; dies ist gleichbedeutend mit einem Prozeß zunehmender Konfrontation. Gruppen haben nun aber auch die Tendenz zur wechselseitigen Abkapselung. Der direkte und persönliche Informationsaustausch nimmt ab. Auch hieraus erwachsen Anonymität und ein Anstieg der sozialen Konflikte. Gruppenegoismus verhindert Verständigung, verhindert Kommunikation, der Informationsaustausch zwischen den sich organisatorisch-formell, aber auch sozial-informell differenzierenden Gruppen wird immer schwieriger. Das, was wir als kommunikative Entfremdung innerhalb der pluralistischen Gesellschaft bezeichnen, verhindert die Beseitigung von Mißverständnissen und den Abbau von Vorurteilen. Dieser Prozeß ist nicht unaufhaltbar; kommunikative Entfremdung, die zur Krise führen kann, wirkt möglicherweise motivierend für eine Forderung nach erhöhter Verständlichkeit, sowie ökonomisch-technologische Krisen motivierende Kraft der Innovation sein können (vgl. Mensch 1975). Man muß die Gefahr nur erkennen, weil bei länger anhaltendem Verlust an Kommunikationswilligkeit und Kommunikationsfähigkeit mittel- wie langfristig Orientierungsschwierigkeiten auftreten müssen, die selber wieder Auslöser von Unsicherheit und Angst sind. Das Erlebnis von existentieller Bedrohung – und eine solche ist es auch, langfristig in einer Welt von Unverständlichkeiten leben zu müssen – vermag dann allerdings zu einem Verhaltenstypus zu führen, der nur noch in der Lage ist, sich bereitwillig in den Hafen der Manipulation abschleppen zu lassen.

Wie man sich verständlich macht

Vorab sei zusammenfassend die Typologie des verständlichen Informationsaustausches, also positiver Kommunikation dargestellt. Gehen wir davon aus, daß wir miteinander sprechen wollen und uns wechselseitig ernstnehmen, dann ist Verständigung auf der Basis eines gemeinsamen Codes möglich. Über die Qualität des Gesprächsinhaltes ist damit noch nichts ausgesagt, denn:

(1) Verständigung ist möglich auf der Basis eines gemeinsamen Codes für gemeinsame Vorurteile in bezug auf ein und denselben Meinungsgegenstand. Treffen sich zwei Anhänger der gleichen Wirtschaftsideologie, dann ist ihre gemeinsame Fachsprache Ausdruck ihrer gemeinsamen Vorurteilssysteme über das Funktionieren wirtschaftlicher Zusammenhänge in Plan- und Marktwirtschaften. Ein Mißverständnis über diesen Gegenstandsbereich kann in der Gruppe eigentlich überhaupt nicht aufkommen, ganz im Gegenteil, es findet eine ständige wechselseitige Verstärkung und auch Weiterentwicklung der vorhandenen Vorurteile statt. Auch wenn sich zwei Arbeitskollegen mit gleichen oder auch nur annähernd gleichen Meinungen und Vorurteilen über Gastarbeiter unterhalten, sind Verständigungsschwierigkeiten eigentlich ausgeschlossen. Solange also zwischen Gesprächspartnern – und man könnte hier die verschiedensten, bisher schon beispielhaft erwähnten Meinungsgegenstände erneut heranziehen – eine Ausgangsbasis existiert, die durch Grade der Ähnlichkeit vorhandener Vorurteile bestimmbar ist, dürften Verständigungsschwierigkeiten eigentlich nicht auftreten. Wir lieben unsere Vorurteile, weil sie mitmenschliche Unterhaltung, Verständigung und Bestätigung möglich machen. Es ist eben bequem, sich im Rahmen seiner eigenen Gruppe, die ähnliche Vorurteile und eine gemeinsame Sprache und einen gemeinsamen Code hat, über die einschlägigen „Probleme" zu unterhalten. Die

gemeinsame, auch emotionale Gruppenbasis fördert den Prozeß der Ausbildung, Weiterbildung und Verstärkung von Vorurteilen. Der Schutz vor dem Eindringen fremder Vorurteile oder gar echten Wissens wirkt perfekt. Besonders deutlich werden solche Vorurteile bei Menschen und Gruppen, die sich selbst bedauern und bemitleiden und dabei die vermeintlichen Sündenböcke nicht nur mit hoher Übereinstimmung finden, sondern auch weitgehend in gleicher Weise etikettieren. Keine Gruppe ist davon ausgeschlossen. Man versteht sich, weil man sich immer wieder dasselbe sagt. Was man selbst nicht versteht, versteht auch die eigene Gruppe nicht. So fliegt man gemeinsam in die nicht mehr einsamen Höhen des Nichtwissens, der Unverständlichkeiten und der Mißverständnisse.

(2) Verständigung ist aber auch möglich auf der Basis eines gemeinsamen Codes für Wissensgebiete, die beiden oder auch mehreren Partnern in gleicher Weise objektiv zugänglich sind. Auch hier müssen wir voraussetzen, daß man sich wechselseitig akzeptiert und keine sonstigen Störprozesse im kommunikativen Ablauf wirksam werden (zum Beispiel persönliche Antipathie und Sympathie). Fachliche Zusammenarbeit muß gewährleistet sein. Theorien, Thesen und Hypothesen bestimmen das Kommunikationsfeld und machen bei vorhandener Fachkompetenz verständliche, weiterführende Auseinandersetzung, also wechselseitig nachvollziehbare Informationsverarbeitung möglich. Das gemeinsame Wissen um Sachverhalte führt bei einer gemeinsamen Fachsprache und einem darauf bezogenen gemeinsamen Code ebenfalls zur Verständigung. Leer-Räume werden hier nicht durch Vorurteile aufgefüllt, sondern durch Wissen. Daß ein Auffüllen von

Leer-Räumen durch Wissen bei Fachleuten möglich ist, wird kaum zu bestreiten sein, wie gesagt – immer unter der Voraussetzung, daß man sich wechselseitig akzeptiert. Ob dies stattfindet, ist allerdings weitgehend keine Frage des Wissens, sondern des Charakters, und den haben – im naiven Wortverständnis – Fachleute und Wissenschaftler höchstens in gleichem Maße wie alle übrigen Menschen. Schwieriger ist es bei Laien, bemerkte Leer-Räume durch Wissen zu füllen, Menschen, die für das entsprechende objektive Wissen nicht die erforderlichen Voraussetzungen mitbringen, neigen, wie wir gesehen haben, dazu, Vorurteile zu bilden.

Hier werden dann drei Grundfragen zu überprüfen sein, nämlich (1) Wieweit kann in Fachwissenschaften vorhandenes Wissen dem Laien verständlich gemacht werden? (2) Wo liegen die Grenzen, ein bestimmtes Wissen verständlich zu machen? (3) Welche Wissensgebiete stehen unter welchem Informationsdruck, das heißt: gilt dieser Zwang zum verständlichen Informationsaustausch für alle Wissensgebiete in gleicher Weise oder gibt es eine Hierarchie der Informationsbedürfnisse? Ohne hier gleich alles beantworten zu wollen, läßt sich für die zuletzt angeschnittene Frage auf der Basis unseres gegenwärtigen Wissens zweifellos ein Katalog besonders informationsbedürftiger Themen und Problemzusammenhänge erstellen. Vieles hiervon wurde vorher beispielhaft diskutiert und soll deshalb nicht wiederholt werden. Nur soviel sei gesagt: Alle Fragen, die den eigenen Lebensstil, die private und berufliche Entwicklung betreffen, sind von hohem Interesse. Der nachweisbaren großen Nachfrageintensität kann durch Personen und durch Medien verständlich und unter weitgehender Annäherung an das vorhandene objektive Wissen entsprochen werden. Wer informieren will, muß allerdings auch zugeben, was er wirklich weiß. Das gilt für Journalisten in gleicher Weise wie für Wissenschaftler. Auch die beiden übrigen oben angeschnittenen Fragen sind damit eigentlich mindestens indirekt bereits beantwortet; trotzdem wollen wir festhalten: Nicht in allen Wissensbereichen wird verständliche Information gleichermaßen nachgefragt. Solange ein Thema für mich persönlich Bedeutung hat, von Interesse ist, kann auch mit einer Lernmotivation gerechnet werden, das heißt ich kann davon ausgehen, daß entsprechende Informationen aufgenommen und verarbeitet werden, während Uninteressantes und Nichtverständliches verdrängt wird. – Sicherlich – und auch dies ist anzumerken – gibt es Grenzen der Verständlichmachung von Fachwissen. Und hier setzt dann die kritische, auch moralische Frage ein, wieweit kann ich im Interesse der Verständlichkeit objektive Sachverhalte vereinfachen und damit eigentlich letztlich Vorurteile etablieren. Wie schwierig solche Fragen werden können, läßt sich anhand des in der „Zeit" vom 3. Oktober 1975 gemachten Versuchs von Braunburg veranschaulichen, Navigationssysteme im Luftverkehr verständlich zu machen. Dabei wird Bezug genommen auf die Entwicklung des erdunabhängigen Navigationssystems (INS) für die bemannten Mondflüge, und es folgt dann die Darstellung: „Seine Messungen basieren primär auf zwei Beschleunigungsmessern, von denen einer in Nord-Süd-, der andere in Ost-West-Richtung mißt. Die Beschleunigungsmessung läßt sich über die Multiplikation mit der erflogenen Zeit in geographische Entfernung umrechnen. Gibt man in den Computer des Systems als Ausgangs- und Bezugspunkt die Position des Flugzeugs an der Flughafenrampe ein, dann errechnet das Wundersystem auf Grund der Beschleunigungsmessung jede Ablage von diesem Punkt und kann sie in Längen- und Breitengraden exakt angeben. Natürlich ist diese vereinfachte Erklärung, wie fast alle populärwissenschaftlichen Erläuterungen für Laien, teils lückenhaft, teils falsch. Es gehört zu den Erkenntnisphänomenen unserer Zeit, daß sich Interna der Technologien selbst für den gebildeten Leser nur noch erfassen lassen, wenn man sie falsch darstellt."

Unabhängig davon, für welche Zielgruppen diese Schilderung des Sachverhaltes verständlich ist, also eine echte und dabei sicherlich ja nicht uninteressante Information darstellt, ist nun vor allem der letzte Satz mit der behaupteten Notwendigkeit zur Falschdarstellung wesentlich. Die Grenzen werden hier deutlich gesehen, eine Einsicht, die man sicherlich nicht von allen Journalisten erwarten darf, auch wenn man dies eigentlich als selbstverständlich betrachten sollte. Die schon angeschnittene moralische Frage ist dann nur: Wieweit darf die Verfälschung gehen? Diese Frage verträgt keine pauschale Beantwortung, sondern muß von jedem, der einen vorhandenen Informationsbedarf verständlich und so objektiv wie möglich befriedigen will, selbst verantwortet werden. Die Grenzen der Verständlichkeit vorhandenen Wissens oder bestehender Zusammenhänge sind jedenfalls in vielen Bereichen noch nicht erreicht.

Wie man sich mißversteht

Auch Mißverständnisse können verschiedenartige Auslöser und Ursachen haben. Die Partner, die sich mißverstehen, sind zum Zeitpunkt dieses Mißverständnisses in ganz bestimmte Situationen eingebettet, die ebenfalls nicht ohne Einfluß sind. Wichtig ist hier nicht nur die eigene Bezugsgruppe; wir wollen Mißverständnisse gerade auch im Hinblick auf Diskussionen und Auseinandersetzungen zwischen Angehörigen verschiedener Gruppen betrachten. Wie kann sich so ein mißverständlicher Informationsaustausch entwickeln?

(1) Dem Gespräch sind immer bereits Erwartungswerte (Etiketten) in bezug auf den Gesprächspartner vorgeordnet. Geht man in ein Gespräch, in dem das Bild, das man von sich selbst hat (Selbstbild) völlig anders ist als jenes Bild, das der andere von einem hat (Fremdbild) und umgekehrt, dann sind die Voraussetzungen für Verständigung erheblich gestört. In der Praxis weiß man ja vielfach nicht, mit welcher Bedeutung sich die Partner wechselseitig aufladen. Gehen sie nicht von der relativen Ähnlichkeit von Selbstbild und Fremdbild aus – was man zum Beispiel bei Freunden ohne weiteres annehmen kann –, dann treffen hier unvereinbare oder eben nicht ähnliche Vorurteilssysteme aufeinander. Wir wollen dies am Beispiel des Selbst- und Fremdbildes von Hilfsschülern (vgl. von Bracken 1967) veranschaulichen: Wenn man nur die wesentlichen Befunde der angeführten Untersuchung berücksichtigt, dann wird folgendes deutlich:

Hilfsschulkinder beschreiben sich selbst (jeweils Prozentangaben) schwerpunktmäßig als:	pünktlich	(70)
	schlagen häufig	(66)
	kameradschaftlich	(65)
	sauber	(65)
	schreien laut	(64)
	frech	(63)
Volksschulkinder hingegen bringen mit Hilfsschulkindern die folgenden Eigenschaften in Zusammenhang:	faul	(83)
	frech	(78)
	suchen Streit	(77)
	schlagen	(77)
	doof	(69)
	spucken	(69)

Schon diese wenigen Angaben machen deutlich, daß bereits der Beginn eines Gesprächs zwischen zwei Menschen, die solche Diskrepanzen zwischen Selbst- und Fremdbild aufweisen, erheblich belastet ist. Die Bezugssysteme für die Beurteilung der eigenen Person sind also unterschiedlich, damit aber auch die vorhandenen Reaktionsbereitschaften. Von solchen Positionen aus wird dann auch ein und dasselbe Verhalten einer Person unterschiedlich beurteilt, d. h. aber ein und dasselbe Zeichen wird mit verschiedener Bedeutung aufgeladen, ein gemeinsamer Code ist von vornherein nicht vorhanden. Auf der Basis nicht übereinstimmender Vorurteile sind die weiteren Mißverständnisse bereits vorprogrammiert. Man kann nun diese Ausgangslage für das Zusammentreffen von Menschen aus den unterschiedlichsten Gruppen durchspielen, angefangen von Einheimischen versus Flüchtlingen (vgl. Hinst 1968), Deutschschweizern versus Westschweizern (Fischer u. Trier 1962), Arbeitnehmern versus Arbeitgebern (vgl. Röglin 1974) bis hin zu Politikern unterschiedlicher Parteien. In diesen Fällen geht man schon mit einer unterschiedlichen Etikettierung, was das Selbst- und das Fremdverständnis anlangt, in ein Gespräch, eine Diskussion, deren Aufgabe es sein müßte, diese versteckten Vorurteile erst einmal aufzudecken, damit nicht schon vor möglichen inhaltlichen Mißverständnissen eine Überlagerung durch vorgeordnete Etikettierungen erfolgt (vgl. dazu auch das Problem der Bezugsformen von Urteilen, Bergler u. Six 1972).

(2) Unter Vernachlässigung aller übrigen Zusatzbedingungen treten während des Informationsaustausches Mißverständnisse immer dann auf, wenn folgende Bedingungen gegeben sind:

a) Über ein und denselben Gegenstand existieren unterschiedliche Meinungen und Vorurteile; auch bei Benutzung gleicher Zeichen verbinden sich mit diesen unterschiedliche Bedeutungen und vor allem auch Bewertungen. Denken wir nur an das Reizwort „Investitionslenkung". Hierzu ist in der aktuellen Diskussion eine Vielfalt von Bedeutungen virulent geworden, die vom Gedanken der Verstaatlichung bis hin zum Ausbau der ordnungspolitischen Rahmenbedingungen innerhalb eines marktwirtschaftlichen Systems reicht. Das Zeichen, das Wort ist gleich, ein gemeinsamer Code jedoch ist nicht vorhanden.

b) Über ein und denselben Gegenstand hat der eine Gesprächspartner echtes Wissen, der andere muß sich mit einem Vorurteil begnügen. Diese „kognitive Dissonanz" führt zu Mißverständnissen, wenn es dem Wissenden nicht gelingt, von den Vorurteilen seines Gesprächspartners, auch seinen sprachlichen Zeichen auszugehen, und, unterstützt durch seine möglicherweise akzeptierte Fachkompetenz, diese Vorstellungswelt des „Meinenden" allmählich mit verständlichem Wissen anzureichern und umzugestalten. Der Abbau von Vorurteilen beginnt immer bei den Vorstellungen und der sprachlichen wie aber auch nicht-sprachlichen Welt, in die sie eingebettet sind. Wir können uns erst verständigen, wenn wir die Bedeutungswelten unserer Gesprächspartner kennen.

c) Über einen objektiven Sachverhalt kann es bei Fachleuten mit Fachwissen über eben diesen Gegenstand dann zu einer Diskussion mit Mißverständnissen kommen, wenn beide – was in vielen wissenschaftlichen Fächern der Fall ist – unterschiedlichen Schulen angehören. Dann wird zumindest teilweise eine unterschiedliche Fachsprache verwandt oder ein und derselbe Fachausdruck wird unterschiedlich definiert. Auch zwischen Fachleuten gibt es also verschiedene Codes und damit die Möglichkeit, sich über objektive Sachverhalte bei gegebenem objektivem Wissen mißzuverstehen.

(3) Mißverständnisse zwischen Menschen und menschlichen Gruppen können zusätzlich aus der Situation eines ablaufenden Gesprächs erwachsen. Prozesse der Informationsverarbeitung und Informationsaustausch verharren selbst beim Vorbringen der immer gleichen Argumente nicht auf dem gleichen Kommunikationsniveau. Menschen sind in der Art, wie sie Informationen verarbeiten, offen. Weil das so ist, entwikkeln sie auch während einer Informationsverarbeitung und eines Informationsaustausches gleichsam fortgesetzt neue Theorien über den Stand des Verarbeitungsprozesses zu einem bestimmten Zeitpunkt in einer bestimmten Situation (vgl. Richter u. Weidmann 1969). Auch von diesem Prozeß wird menschliche Wechselwirkung erheblich beeinflußt. Ich kann also in bezug auf einen Meinungsgegenstand durchaus zusammen mit meinen Gesprächspartnern den gleichen Code haben, trotzdem vermag ich aber aus der jeweiligen Diagnose der Situation (also meiner jeweiligen Situationstheorie) so zu argumentieren, daß Mißverständnisse ausgelöst werden. Gerade bei persönlichen Auseinandersetzungen kommt den non-verbalen Begleiterscheinungen der eigentlichen Gesprächsinhalte ein erhebliches Gewicht zu. Unabhängig von der besonderen Art meines Verhaltens zu einem bestimmten Zeitpunkt, das von meinem Gesprächspartner als unverständlich be-

zeichnet werden kann, weil er meine Situation nicht kennt und außerdem wegen des fehlenden gemeinsamen Codes mein non-verbales Verhalten nicht entziffern kann, taucht nun noch ein weiteres Problem auf. Da ich mich – und darauf wurde an früherer Stelle schon verwiesen – im persönlichen Gespräch ebenso wie mein Gegenüber gleichzeitig auf verschiedene Arten verständlich machen möchte, Worte ausspreche, einen bestimmten Tonfall dabei habe, mimisches und pantomimisches Verhalten zeige, eine bestimmte Kleidung und Frisur trage, eventuell ein stark duftendes Rasierwasser benutze, kann durchaus der Fall eintreten, daß zum Beispiel für die gesprochenen und ausgetauschten Worte ein gemeinsamer Code vorhanden ist, die übrigen gleichzeitig gesendeten Zeichen aber nicht in einer für beide Partner übereinstimmenden Bedeutung entziffert werden. Ist nur teilweise ein gemeinsamer Code, also nur für einen Ausschnitt der gesendeten Zeichen Bedeutungsgleichheit gewährleistet, dann treten Diskrepanzen auf, die zur Aufstellung veränderter Situationstheorien und damit zur Einleitung eines Prozesses sich steigender Mißverständnisse führen.

Spezifische Situationsinterpretationen gehen auch parallel mit Veränderungen der Motivation. Wenn ich in einer Diskussion meine, mißverstanden zu werden, kann – ab einem gewissen Zeitpunkt – meine Bereitschaft zu diskutieren, zu überzeugen, nachlassen. Richter u. Weidmann (1969, Seite 71 f.) haben eine „Typologie der kategorialen Diskrepanzen" vorgelegt und dabei die „Auswirkungen der Situationstheorien unter zwei Gesichtspunkten betrachtet, nämlich (1) räumlich auf den Fehlerumfang und (2) zeitlich auf die Phasengliederung". Damit sind nun aber Nicht-Fachleute bereits wieder im Felde der Unverständlichkeiten. Aber versuchen wir, das noch an dem Beispiel eines Kommunikationskonfliktes zu veranschaulichen, der von den genannten Autoren als „völlig diskrepante Fehlerkategorisierung" bezeichnet wird; es heißt dort: „A glaubt, mit B im Konkurrenzkampf zu stehen, B glaubt, A zu helfen. Der Kommunikationskonflikt hat zur Voraussetzung, daß die Partner die Züge des jeweils anderen als Züge ihres eigenen Prozesses interpretieren." Man kann sich unschwer ausmalen, was eine solche unterschiedliche Situationsauslegung an möglichen Konflikten beinhaltet.

Die Vielfalt möglicher Mißverständnisse konnte nur gedrängt dargestellt werden. Wir sollten sie auf unsere eigene Lebenswirklichkeit übertragen, um dadurch Hinweise auf die mögliche Begründung eigener Verständigungsschwierigkeiten zu erhalten, denn wer hat noch nicht erlebt, daß in einem Gespräch, in einer Auseinandersetzung, also dann, wenn man Informationen austauschen will, einen anderen Menschen von seinen Vorurteilen abbringen, ihn also beeinflussen will, die den beiden Partnern „zur Verfügung stehenden sprachlichen Verständigungsmittel für eine Kommunikation der jeweils gemeinten Sachverhalte nicht mehr ausreichen" (Ungeheuer in Richter u. Weidmann 1969, VII)? Auch in solchen Fällen greifen wir liebend gerne auf die alten Vorurteile zurück.

An weiterführender Literatur zum Thema der vor allem sprachlich begründeten Mißverständnisse seien noch angeführt: Back, Bunker u. Dunnagan (1972); Beuer, Garret u. Hurtig (1973); Budenheimer (1973); Hunsikker (1972) u. a.

Kommunikationszwang

Kleine Strategie der Verständigung

Wir hatten in unseren Beiträgen zur Psychologie des naiven Verhaltens, des Pseudowissens, der Unverständlichkeiten und der Mißverständnisse eine Reihe von Erkenntnissen versucht darzustellen und auch beispielhaft zu veranschaulichen, die – wenn auch nicht vollständig – unter dem Blickwinkel des gegebenen Kommunikationszwanges eine abschließende Zusammenfassung erfahren sollen.

Gruppenegoismus und Gruppenabsprachen kennzeichnen unsere pluralistische Gesellschaft. Konflikte in dieser Gesellschaft nehmen zu und damit auch die Herrschaft von Mißverständnissen. Die Möglichkeiten des zwischenmenschlichen Verstehens werden kleiner. Wollen wir dem nicht hilflos zusehen, dann müssen wir uns verständigen, uns dem wachsenden Zwang zur Kommunikation beugen.

Das, was wir nicht wissen, wird ständig mehr, und das, was wir fachlich wissen, wird immer spezieller. Wir helfen uns mit Vorurteilen, um entstehende Leer-Räume zu etikettieren. Wer in dieser Situation Kommunikation verweigert, leistet einen Beitrag zur Manipulation.

Es existiert ein hoher Bedarf an persönlicher bedeutsamer und verständlicher Information. Die Wirksamkeit des Gesetzes von Angebot und Nachfrage gilt auch für geistige Güter. Leer-Räume wirken wie ein Nachfragesog, der sehr schnell Angebote unterschiedlichster

Qualität hervorruft. Es reicht von scheinbaren, aber verständlichen ideologischen Problemlösungen bis zu den objektiv zutreffenden, dafür aber unverständlichen.

Manipulation der öffentlichen Meinung im Sinne von Uniformierung hat neben der Existenz von Leer-Räumen die fehlende Konkurrenz kommunikationsfähiger, verständlicher Information zur Voraussetzung. Gibt es nun eine gesellschaftliche Gruppe, die verständlich informiert – und sei dies nur in ideologischer Form –, dann ist die erforderliche Konkurrenz ausgeschaltet.

Die Entwicklung von Informationsstrategien muß zwar von Zielvorstellungen des Senders bestimmt sein, letztlich aber bei den Informationsbedürfnissen der Zielgruppe und deren Analyse beginnen. Ohne Kenntnis der gruppenspezifischen Wellenlänge ist wirksame Information nicht möglich. Kommunikation setzt eine gemeinsame Sprache voraus; sie beginnt beim Du und nicht beim Ich, beginnt also bei einem Modell der sozialen Wechselwirkung des Informationsaustausches. Dabei ist aber wesentlich zu beachten:

Wir alle stehen bei einem hohen Bedarf an verständlicher Information unter Kommunikationszwang gegenüber einer Vielzahl von Adressaten.

Alle Information muß unter dem Aspekt Gruppenspezifität, also der Zielgruppe gesehen werden.

Kommunikationsstrategien müssen in ihrer Entwicklung mit der Analyse von Erwartungen beginnen; aus der kreativen Verarbeitung dieser Erkenntnis erfolgt die Entwicklung von Konzeptionen, die den Erwartungen entsprechen müssen.

Im Idealfall müßte das auf der Basis der Erwartungen Ausformulierte auf Verständlichkeit überprüft werden.

Wir alle müssen nachprüfbare und konkrete Informationen liefern. Die Glaubwürdigkeit ist stets von neuem unter Beweis zu stellen.

Es genügt nicht zu warten, bis man gefragt wird. Wir müssen spontan informieren.

Jeder einzelne müßte aber auch ebenso wie die übrigen Glieder einer Gesellschaft bei aller Notwendigkeit zielgruppenspezifischer Kommunikation den einheitsstiftenden Grund-Konsens einer demokratischen Gesellschaft nicht aus dem Auge verlieren und hiervon nicht nur sprechen, sondern ihn auch leben. Wir sollten uns deshalb mit größerer Intensität als bisher mit Theorie und Praxis eines Wertsystems demokratischer Gesellschaften sowie dessen Kommunikation beschäftigen.

Wir stehen, wenn wir Pseudowissen, Unverständlichkeiten und Mißverständnisse dort abbauen wollen, wo dies absolut notwendig ist, immer dann, wenn solche Tatbestände Mitbegründer und sogar Auslöser sozialer Konflikte sind und gesellschaftlich-demokratische Freiheitsgrade zu beeinträchtigen vermögen, unter eindeutigem wechselseitigen Kommunikationszwang. Im Konfliktfalle kann keiner sagen, nur der andere sei schuld.

Literaturverzeichnis

ABELSON, R. P. & SERMAT, V. (1962) Multidimensional scaling of facial expression, in: Journal of Experimental Psychology 63, 546–554.

AHRENS, H. J. (1974) Multidimensionale Skalierung, Weinheim.

ALLPORT, G. W. (1954) The nature of prejudice, Cambridge, Massachusetts, USA.

ANDERSON, H. N. (1965) Averaging versus adding as a stimulus-combinations rule in impression formation, in: Journal of Experimental Psychology 70, 384–400.

ANDREAE, C. A. & FREUDENFELD, B. (1973) Sündenbock Unternehmer?, Köln.

ARGYLE, M. & McHENRY, R. (1971) Do spectacles really affect our judgements of intelligence? in: British Journal of Sociological and Clinical Psychology 10, 27–29.

ARGYLE, M. (1972) Soziale Interaktion, Köln.

ARGYLE, M., ALKEMA, F., GILMOUR, R. (1971) The communications of friendly and hostile attitudes by verbal and nonverbal signals, in: European Journal of Social Psychology 1, 385–402.

ASCH, S. E. (1946) Forming impressions of personality, in: Journal of Abnormal and Social Psychology 41, 258–290.

BACK, K., BUNKER, St., DUNNAGAN, Catherine. (1972) Barriers to communication and measurement of semantic space, in: Sociometry 35, 347–356.

BALES, R. F. (1950) Interaction Process Analysis, Cambridge, Massachusetts, USA.

BARNLUND, D. C. (1970) A transactional model of communication, in: K. K. SERENO und C. M. MORTENSEN (Hrsg.), Foundations of communication theory, New York.

BERGIUS, R., WERBIK, H. und WINTER, G. (1970) Urteile deutscher Arbeitnehmer über Völker in Relation zur Zahl ihrer ausländischen Bekannten, in: Theorie, Methode der Erhebung und kollektive Stereotypen, Psychologische Beiträge Band XII, 241–310.

BERGLER, R. (1966) Psychologie stereotyper Systeme, Bern, Stuttgart, Wien.

BERGLER, R. (1968) Ausdruckspsychologie und Werbeforschung, in: R. BERGLER (Hrsg.), Psychologische Marktanalyse, Bern und Stuttgart, 148–203.

BERGLER, R. (1972) Konsumententypologie, in: BERGLER, R. (Hrsg.), Marktpsychologie, Bern, Stuttgart, Wien, 11–142.

BERGLER, R. (1972) Dimensionen der Werbemittelanalyse, in: BERGLER, R. (Hrsg.), Marktpsychologie, Bern, Stuttgart, Wien, 220–269.

BERGLER, R. (1973) Konzeptionen und Kommunikationsfähigkeit, in: 4. Forum für Industriewerbung, Hamburg.

BERGLER, R. (1974a) Marktsegmentierung, in: Marketing Enzyklopädie, Bd. 2, München.

BERGLER, R. (1974b) Sauberkeit, Norm-Verhalten-Persönlichkeit, Bern, Stuttgart, Wien.

BERGLER, R. (1975a) (Hrsg.), Das Eindrucksdifferential, Bern, Stuttgart, Wien.

BERGLER, R. (1975b) Selbstkonzept, Lebensalter und interindividuelle Differenzen, in: LEHR, Ursula M. & WEINERT, F. E. (Hrsg.), Entwicklung und Persönlichkeit, Stuttgart, Berlin, Köln, 26–37.

BERGLER, R. & SIX, B. (1972) Stereotype und Vorurteile, in: GRAUMANN, C. F. (Hrsg.), Handbuch der Psychologie Bd. 7, 2, 1371–1432, Göttingen.

BERSCHEID, E. & WALSTER, E. (1974) Physical attractiveness, in: BERKOWITZ, L. (Hrsg.), Advances in experimental social psychology 7, 157–215, New York, London.

BEUER, T. G., GARRETT, M. F., HURTIG, R. (1973) The interaction of perceptual processes and ambiguous sentences, in: Memory and cognition 1, 277–286.

BILLS, R. E., VANCE, E. L., McLEAN, O. S. (1951) An index of adjustment and values, in: Journal Consult, Psychology 15, 257–261.

BRACKEN, v. H., (1967) Behinderte Kinder in der Sicht ihrer Mitmenschen, in: Pädagogische Rundschau, 711–723.

BRACKEN, v. H., STOPP, Erika, COTANIDIS, Waltraud, Bericht über Forschungsvorhaben, Gegenwärtige Stereotype gegenüber verschiedenen Gruppen von behinderten Kindern. (1968 unveröffentlichtes Manuskript).

BREHM, J. W. & COHEN, A. R. (1962) Explorations in cognitive dissonance, New York.

BRUNER, J. S. & TAGIURI, R. (1954) Person perception, in: LINDZEY, G. L. (Hrsg.), Handbook of social psychology Vol. 2, Reading, Massachusetts.

BRUNER, J. S., SHAPIRO, D. & TAGIURI, R. (1965) The meaning of traits in isolation and combination, in: TAGIURI, R., PETRULLO, L. (Hrsg.), Person perception and interpersonal behavior, Stanford, California, 272–287.

BONAVENTURA, M. (1935) Ausdruck der Persönlichkeit in der Sprechstimme und im Photogramm, in: Archiv für die gesamte Psychologie 94, 501–570.

BUDDEMEIER, H. (1973) Kommunikation als Verständigungshandlung, Frankfurt.

BUGENTAL, D. E., KASWAN, J. W. & LOVE, L. R. (1970) Perception of contradictory meanings conversed by verbal and nonverbal channels, in: Journal of Personality and Social Psychology 16, 647–655.

BUTLER, J. M., HAIGH, G. V. (1954) Changes in the relation between self concepts and ideal concepts consequent upon client-centered counseling, in: ROGERS, C. R. & DYMOND, Rosalind F. (Hrsg.) Psychotherapy and personality change. Chicago, 55–75.

BYRNE, D. & GRIFFITT, W. (1973) Interpersonal Attraction, in: Annual Review of Psychology, Vol. 24, 203–326.

CLINE, V. B. (1956) Influence of social context on the perception of faces, in: Journal of personality 25, 142–158.

CLINE, V. B. (1964) Interpersonal perception, in: MAHER, B. A. (Hrsg.), Progress in experimental personality research, Vol. 1 New York.

CRANACH, M. von, IRLE, M. & VETTER, H. (1965) Zur Analyse des Bumerang-Effektes, in: Psychologische Forschung, 535-561.

CRANDALL, R. (1972) Effects of preinformation and assumptions concerning future relationships in interracial person perception, in: Journal of Personality and Social Psychology 23 (1), 14–20.

CROCKETT, W. M. (1965) Cognitive complexity and impression formation, in: MAHER, B. A. (Hrsg.), Progress in experimental personality research, Vol. 2, New York.

CRONBACH, L. J. (1955) Processes affecting scores on „understanding of others" and „assumed similarity", Psychological Bulletin 52, 177–193.

DEMBER, W. N. (1960) The psychology of perception, New York.

DEMBER, W. N. & JENKINS, J. J. (1970) General Psychology – Modeling behavior and experience, New Jersey.

EHRLICH, M. (1973) The social psychology of prejudice, New York.

EDWARDS, A. L. (1960) Studies of stereotypes, The directionality and uniformity of responses to stereotypes, in: Journal of social psychology 12, 357–366.

ENGLISH, H. B. & ENGLISH, A. Ch. (1958) A comprehensive dictionary of psychological and psychoanalytical terms, Toronto.

EXLINE, R., GRAY, D. & SCHUETTE, D. (1965) Visual behavior in a dyad as affected by interview content and sex of respondent, in: Journal of Personality and Social Psychology 1, 201–209.

FÄHRMANN, R. (1960) Die Deutung des Sprechausdrucks, Bonn.

FARINA, A., & RING, K. (1965) The influence of perceived mental illness on interpersonal relations, in: Journal of Abnormal Psychology 70, 47–51.

FARINA, A., SHERMAN, M. & ALLEN, J. G. (1968) Role of physical abnormities in interpersonal perception and behavior, in: Journal of Abnormal Psychology 73, Nr. 6, 590–593.

FESTINGER, L. (1957) A theory of cognitive dissonance, Stanford.

FESTINGER, L. (1964). Conflict, Decision and Dissonance, Stanford.

FIRD, L. M. & SINGER, M. (1968) Projection of self attributes into similar and dissimilar others, in: Journal of Social Psychology 74, 265–273.

FISCHER, M. & TRIER, U. P. (1962) Das Verhältnis zwischen Deutschschweizern und Westschweizern, Schriften zur Sozialpsychologie, Bern.

FISHBEIN, M. & HUNTER, R. (1964) Summation versus balance in attitude organization and change, in: Journal of Abnormal and Social Psychology 69, 505–510.

FRIEDMAN, Ira (1955) Phenomenal, ideal and projected conceptions of self, in: Journal of Abnormal and Social Psychology 51, 611–615.

FRIJDA, N. M. (1969) Recognition of emotion, in: BERKOWITZ, L. (Hrsg.), Advances in experimental social psychology, Vol. 4, New York, 167–223.

FOWLER, M. (1965) Curiosity and exploratory behavior, New York.

FRANKE, J. (1967) Ausdruck und Konvention, Göttingen.

GEHLEN, A. (1949) Sozialpsychologische Probleme in der industriellen Gesellschaft, Tübingen.

GEHLEN, A. (1957) Die Seele im technischen Zeitalter, Hamburg.

GILBERT, G. M. (1951) Stereotype persistence and change among college students, in: Journal of Abnormal Social Psychology 46, 245–254.

GREENWALD, A. G., BROCK, T. C. & OSTROM, Th. M. (1968) Psychological foundations of attitudes, New York.

GRIFFITT, W. B. (1969) Personality similarity and self-concept as determinants of interpersonal attraction, in: Journal of Social Psychology 78, 137–146.

GROCHLA, E. (1959) Unternehmung und Betrieb, in: Handwörterbuch der Sozialwissenschaften 10, 583–588, Tübingen, Stuttgart, Göttingen.

HALL, E. T. (1966) The hidden dimension, New York.

HAMID, D. (1969) Changes on person perception as a function of dress, Perceptual and Motor Skill, 29, 191–194.

HAMID, D. (1972) Some effects of dress cues on observational accuracy, and perceptual estimate and impression formation, in: Journal of Social Psychology 86, 279–289.

HAIRE, M. (1968) Role perception in labor management, in: TOCH, H. & SMITH, H. C. (Hrsg.), Social perception, Princeton, 44–59.

HASTORF, A. H., SCHNEIDER, D. J., POLEFFKA, Judith. (1970) Person perception, Reading Massachusetts.

HECKHAUSEN, H. (1974) in: WEINERT, F. E., GRAUMANN, C. F., HECKHAUSEN, H. & HOFER, M. (Hrsg.), Pädagogische Psychologie Studientexte, Weinheim.

HEIDER, F. (1944) Social perception and phenomenal causality, in: Psychological Review 51, 358–379.

HEIDER, F. (1969) Soziale Wahrnehmung und phänomenale Kausalität, in: IRLE, M. (Hrsg.): Texte aus der experimentellen Sozialpsychologie Neuwied, 26–56.

HEIDER, F. (1958) The psychology of interpersonal relations, New York.

HERZOG, H. (1933) Stimme und Persönlichkeit, in: Zeitschrift für Psychologie, 300–379.

HINST, K. (1968) Das Verhältnis zwischen Westdeutschen und Flüchtlingen, Bern.

HOFSTÄTTER, P. R. (1969) Psychologie der öffentlichen Meinung, Wien.

HOFSTÄTTER, P. R. (1955) Dimensionen des mimischen Ausdrucks, in: Zeitschrift für Experimentelle und Angewandte Psychologie, III, 505–529.

HOFSTÄTTER, P. R. (1962) Grundlagen der Verhaltenssteuerung, in: Psychologische Rundschau 8, 161–179.

HOFSTÄTTER, P. R. (1967) Sozialpsychologie, Berlin.

HOLZKAMP, K. (1969) Reinforcement durch Blickkontakt, in: Zeitschrift für Experimentelle und Angewandte Psychologie 16, 538–566.

HUNSICKER, F. (1972) How to approach communication difficulties, in: Journal of Personality Psychology 51, 680–683.

JANSEN, G. W. (1970) Die Einstellung der Gesellschaft zu Körperbehinderten, Philosophische Dissertation, Bonn.

McINTYRE, Ch. M. (1952) Acceptance by others and its relation to acceptance of self and others, in: Journal of Abnormal and Social Psychology 47, 624–625.

JOHNSON, R. M. (1970) Analysis of large samples, in: Journal of Marketing Research 7, 104–105.

JONES, E. E. (1954) Authoritarianism as a determinant of first-impression formation, in: Journal of Personality, 23, 107–127.

JONES, E. E. & DAVIS, K. E. (1965) From acts to dispositions: The attribution process in person perceptions, in: BERKOWITZ, L. (Hrsg.), Advances in experimental social psychology, Vol. 2, New York.

JONES, E. E., ROCK, L., SHAVER, K. G., GOETHALS, G. R. & WARD, L. M. (1968) Pattern of performance and ability attribution, An unexpected primacy effect, in: Journal of Personality and Social Psychology, 10, 317–341.

JONES, E. E. & NISBETT, R. E. (1971) The actor and the observer: Divergent perceptions of the causes of behavior, New York.

IRLE, M. (1969) Texte aus der Experimentellen Sozialpsychologie. (Hrsg.), Neuwied, Berlin.

IRLE, M. (1975) Lehrbuch der Sozialpsychologie, Göttingen.

KAPLAN, M. F. (1971a) Context effects in impression formation: The weighted average versus the meaning change formulation, in: Journal of Personality and Social Psychology 19, 92–99.

KAPLAN, M. F. (1971b) The effect of judgemental dispositions on forming impressions of personality, in: Canadian Journal of Behavioral Science 3, 259–267.

KATZ, D. (1960b) The functional approach to the study of attitudes, in: Public Opinion Quarterly 24, 163–204.

KATZ, D. & BRALY, K. W. (1933) Racial stereotypes of 100 college students, in: Journal of Abnormal and Social Psychology 28, 280–290.

KATZ, D. & STOTLAND, E. (1959) A preliminary statement for a theory of attitude structure and change, in: KOCH, D. (Hrsg.), Psychology: A study of a science, Vol. 3, New York, 423–475.

KAUFMANN, Inge (1966). Die Sonderschule im Spiegel der Antworten von 362 lernbehinderten Sonderschülern, in: Praxis der Kinderpsychologie und Kinderpsychiatrie 15, 252–261.

KAUFMANN, Inge (1968). Einige Aspekte zu einem Schüler-Image I, in: Praxis der Kinderpsychologie und Kinderpsychiatrie 17, 173 bis 183.

KAUFMANN, Inge (1970). Weitere Aspekte zu einem Schüler-Image II, IN: Praxis der Kinderpsychologie und Kinderpsychiatrie 19, 90–98; 145–151.

KAUFMANN, Inge (1970). Ergebnisse zum Selbst- und Fremdbild in der Einschätzung von Lernbehinderten, in: Zeitschrift für Heilpädagogik, 563–574.

KELLEY, G. A. (1955) The psychology of personal constructs, New York.

KERSEY, J. F., O'NEAL, E. & PLEDGER, R. (1971) Confidence in impression formation as a function of favorableness of information and experness of source, in: Psychonomic Science, 24, 163–164.

KIESLER, Ch. A., COLLINS, B. E., MILLER, N. (1969) Attitude Change, New York.

KOEPPLER, K. F. (1972) Unterschwellig Wahrnehmen, Stuttgart, Berlin, Köln.

KOEPPLER, K. F. (1974) Werbewirkungen definiert und gemessen, herausgegeben im Auftrag der Heinrich Bauer Stiftung von E. Braunschweig, Velbert.

KRECH, D. & CRUTCHFIELD, R. S. (1948) Theory and problems of social psychology, New York.

KLINEBERG, O. (1954) Social Psychology, New York.

KUNKEL, K. (1973) Politik ist Sache des Mannes, Köln.

KUNKEL, K. (1975) Die Deutschen halten uns für blöd, Köln.

KUNKEL, K. (1975) Die Schule schafft uns Mütter glatt, Köln.

LILLI, W. & LEHNER, F. (1971) Stereotype Wahrnehmung, Eine Weiterentwicklung der Theorie Tajfels, in: Zeitschrift für Sozialpsychologie 2, 285–294.

LIPPMANN, W. (1922) Public opinion, New York.

LIPPMANN, W. (1956) Zitat nach EYSENCK. H. J., Wege und Abwege der Psychologie, Hamburg.

LUCHINS, A. S. (1957) Primacy-recency in impression formation, in: HOVLAND, C. (Hrsg.), The order of presentation in persuasion, New Haven, Connecticut.

LUCHINS, A. S. (1958) Definiteness of impression and primacy-recency in communications, in: Journal of Social Psychology, 48, 275–290.

MANZ, W. (1968) Das Stereotyp, Meisenheim am Glan.

MATARAZZO, J. D., WIENS, A. N. & SASLOW, G. (1965) Studies in interviewer speech behavior, in: KRASNER, L. & ULLMANN, L. P. (Hrsg.), Research in behavior modification, New York, 179–210.

MATARRAZZO, J. D. & WIENS, A. N. (1967) Interviewer influence on duration of interviewer silence, in: Journal of Experimental Research in Personality 2, 56–69.

MAYO, C. W. & CORCKETT, W. M. (1964) Cognitive complexity and primacy-recency effect in impression formation, in: Journal of Abnormal and Social Psychology 68, 335–338.

MAZIS, M. B., SETTLE, R. B. & LESLIE, D. C. (1973) Elimination of phosphate detergents and phsychological reactance, in: Journal of Marketing Research 10, 390–395.

McGUIRE, W. J. (1969) The nature of attitudes and attitude change, in: LINDZEY, G. & ARONSON, E. (Hrsg.), The Handbook of Social Psychology, 2. Ed. Vol. 3, 136–314, Reading, Massachusetts.

MEHRABIAN, A. (1972) Nonverbal communication, New York.

MENSCH, G. (1975) Das technologische Patt, Innovationen überwinden die Repression, Frankfurt.

MERZ, F. (1957) Über die Stellungnahme zu Physiognomien, in: Psychologische Rundschau 8, 179–189.

MEYER, W. U. & BUTZKAMM, A. (1974) Ursachenerklärungen von Rechennoten, in: Lehrerattribuierungen, Manuskript, Psychologisches Institut der Ruhr-Universität Bochum.

MORTENSEN, C. D. (1972) Communication (The study of human interaction), New York.

MUSSEN, P. H. & PORTER, L. W. (1959) Personal motivation and self-conceptions associated with effectiveness and ineffectiveness in emergent groups, in: Journal of Abnormal and Social Psychology 59, 23–27.

NEWCOMB, T. M. (1953) An approach to the study of communicative acts, in: Psychological Review 60, 393–404.

O'KEEFE, T. (1971) The Anti-Smoking Commercials, A Study of Television's Impact on Behavior, in: The Public Opinion Quaterly 35, 242–248.

PEADBODY, D. (1970) Evaluative and descriptive aspects in personality perception, A repraisal, in: Journal of Personality and Social Psychology 16, 639–696.

PETERS, W. (1956) Vorurteile: I. Voraussetzungen und Methoden, Psychologische Beiträge II, 349–374.

PROSS, Helge (1972) Kapitalismus und Demokratie, Studien über westdeutsche Sozialstrukturen, Frankfurt.

RICHARDSON, S. A., GOODMAN, N., HASTORF, A. M. & DORNBUSCH, S. M. (1961) Cultural uniformity in reaction to physical disabilities, in: American Sociological Review 26, 241–247.

RICHTER, H. & WEIDMANN, F. (1969) Semantisch bedingte Kommunikationskonflikte bei Gleichsprachigen, Bonn: IKP-Forschungsberichte.

RÖGLIN, H. Ch. (1974) Unternehmer in Deutschland, Düsseldorf.

ROSENBERG, M. J. & HOVLAND, C. J. (1960) Cognitive, affective and behavioral components of attitudes, in: ROSENBERG, M. J. et. al. (Hrsg.): Attitude organisation and change, New Haven, 1–14.

ROSENBERG, S., NELSON, C. & VIVEKANANTHAN, P. S. (1968) A multidimensional approach to the structure of personality impressions, Journal of Personality and Social Psychology 9, 283–294.

ROSENBERG, S. & OLSMAN, K. (1970) Evaluative and descriptive aspects in personality perception, in: Journal of Personality and Social Psychology 16, 619–626.

ROSENFELD, H. M. (1967) Nonverbal reciprocation of approval: An experimental analysis, in: Journal of Experimental Social Psychology 3, 102–111.

ROTHACKER, E. (1948). Probleme der Kulturanthropologie, Bonn.

ROTTER, J. B., SEEMAN, M. (1962) Internal versus external control of reinforcement: A major variable in behavior theory, in: WASHBURNE, N. F. (Hrsg.): Decisions, values and groups. Vol. 2, London, 474–516.

SARBIN, Th. R. & WILLIAMS, J. D. (1954) Contributions to roletaking theory V role perception on the basis of limited auditory stimuli, Unveröffentlichtes Manuskript 1953, zitiert nach: SARBIN, Th. R., Role Theory, in: LINDZEY, G.: (1954). Handbook of Social Psychology, Cambridge, 223–258.

SARNOFF, J. (1960) Psychoanalytic theory and social attitudes, in: Public Opinion Quarterly 24, 251–279.

SCOTT, W. A. (1968) Attitude measurement, in: LINDZEY, G. & ARONSON, E. (Hrsg.), The Handbook of Social Psychology 2ed., Vol. II Reading, Massachusetts, 204–273.

SECORD, P. F., BACKMAN, C. W. & EACHUS, H. F. (1964) Effects of imbalance in the self-concept on the perception of persons, in: Journal of Abnormal Social Psychology 68, 442–446.

SHAVER, K. G. (1975) An introduction to attribution processes, Englewood Cliffs.

SHERIF, M. & HOVLAND, C. J. (1961) Social judgement: Assimilation and contrast effects in communication and attitude change, New Haven.

SHERIF, C. W., SHERIF, M. & NEBERGALL, R. E. (1965) Attitude and attitude change, Philadelphia.

SHERIF, M. & SHERIF, C. W. (1969) Social Psychology, New York.

SIX, B. (1974) Norm und Verhalten, in: BERGLER, R., Sauberkeit, Bern, 140–169.

SIX, B. (1974) Dimensionen von Organisationen, Phil. Diss. Bonn.

SIX, B. (1975a) Einstellung und Verhalten, in: Bericht über den 29. Kongreß der Deutschen Gesellschaft für Psychologie in Salzburg, 1974. Band 1, 225–245.

SIX, B. (1975b) Die Relation von Einstellung und Verhalten, in: Zeitschrift für Sozialpsychologie 4, 270–296.

SMITH, M. B., BRUNER, J. S. & WHITE, R. W. (1956) Opinions and personality, New York.

SMITH, G. M. (1958) Six measures of self concept discrepancy and instability; their interrelations, reliability and relations to other personality measures, in: Journal of Consulting Psychology 22, 101–112.

SODHI, K. S., BERGIUS, R. & HOLZKAMP, K. (1956) Geschlechtsabhängige Unterschiede nationaler Stereotypen, Jahrbuch für Psychologie und Psychotherapie, 4, 263–296.

SODHI, K. S., BERGIUS, R. & HOLZKAMP, K. (1957) Urteile über Völker, in: Psychologische Beiträge 3, 503–526.

SOMMER, R. (1961) Leadership and group geography, in: Sociometry 24, 99–109.

SOMMER, R. (1967) Small group ecology, in: Psychological Bulletin 67, 145–152.

SCHÄFER, B. (1975a) Klassifikation vorurteilsvoller versus xenophiler Personen, in: SCHWEITZER, C. Ch. & FEGER, H. (Hrsg.), Das deutsch-polnische Konfliktverhältnis seit dem Zweiten Weltkrieg, Boppard/Rhein, 314–346.

SCHÄFER, B. (1975b) Einstellungen gegenüber Polen und Einstellung zur Ostpolitik, Analyse der Urteilsdifferenzierbarkeit mit Hilfe demographischer Merkmale, in: SCHWEITZER, C. Ch. & FEGER, H. (Hrsg.), Das deutsch-polnische Konfliktverhältnis seit dem Zweiten Weltkrieg. Boppard/Rhein, 249–267.

SCHÄFER, B. (1975c) Politisch-ideologische Orientierung in der Bundesrepublik Deutschland und Stellungnahmen zum deutsch-polnischen Verhältnis, in: SCHWEITZER, C. Ch. & FEGER, H. (Hrsg.), (1975): Das deutsch-polnische Konfliktverhältnis seit dem Zweiten Weltkrieg. Boppard/Rhein.

SCHERER, K. R. (1972) Nonverbale Kommunikation, Hamburg, 2. Aufl.

SCHLOSBERG, H. (1952) The description of facial expressions in terms of two dimensions, in: Journal of experimental Psychology 44, 229–237.

SCHLOSBERG, H. (1954) Three dimensions of emotion, in: Psychological Review 61, 81–88.

SCHMÖLDERS, G. (1962) Volkswirtschaftslehre und Psychologie, Berlin.

SCHNEEWIND, K. A. (1965) Zur Psychologie der menschlichen Sprechstimme, in: BERGLER, R. (Hrsg.), Psychologische Marktanalyse, Bern, 204–238.

SCHNEEWIND, K. A. (1966) Über den Zusammenhang von Selbst- und Fremdeinschätzung bei der Beurteilung menschlicher Sprechstimmen, Phil. Diss. Erlangen.

SCHÜMER, R. (1971) Eine experimentelle Untersuchung zur sozialen Eindrucksbildung, in: Zeitschrift für Sozialpsychologie 2, 92–108.

STEFFENS, K. H. & SCHÄFER, B. (1975) Typen politisch-ideologischer Orientierung, in: SCHWEITZER, C. Ch. & FEGER, H. (Hrsg.), Das deutsch-polnische Konfliktverhältnis seit dem zweiten Weltkrieg. Boppard/Rhein, 370–388.

STROBL, S. (1956) Eine Untersuchung über die Brille als Ausdrucksfaktor, in: Zeitschrift für Psychologie 159, 101–129.

TAFT, R. (1961) Urteil und Beurteilung in der Personerkennung, in: BRENGELMANN, J. C. & DAVID, H. P. (Hrsg.), Perspektiven der Persönlichkeitsforschung, Bern, 149–158.

THAYER, S. (1969) The effect of interpersonal looking duration on dominance judgements, in: Journal of Social Psychology 79, 285–286.

THOMAE, H. (1955) Persönlichkeit, 2. Aufl. Bonn.

THORNTON, G. R. (1944) The effect of wearing glasses on judgements of personality traits of people seen briefly, in: Journal of Applied Psychology 28, 203–207.

TODD, F. J. & RAPPAPORT, L. (1964) A cognitive structure approach to person perception, in: Journal of Abnormal and Social Psychology 68, 469–478.

TRIANDIS, H. C. & FISHBEIN, M. (1963) Cognitive interaction in person perception, in: Journal of Abnormal and Social Psychology 67, 446–453.

TRIANDIS, H. (1975) Einstellungen und Einstellungsänderungen, Weinheim.

WATZLAWICK, P., BEAVIN, J. M., JACKSON, D. D. (1969) Menschliche Kommunikation, Formen, Störungen, Paradoxien, Bern.

WEINER, B., HECKHAUSEN, H., MEYER W. U. & COOK, R. E. (1972) Causal ascriptions and achievement behavior, a conceptual analysis of effort and reanalysis of locus of control, in: Journal of Personality and Social Psychology 21, 239–248.

WHORF, B. L. (1956) Science and linguistic, in: CAROLL, J. B. (Hrsg.), Language, thought and reality. New York.

WISHNER, J. (1960) Reanalysis of impressions of personality, in: Psychological Review, 67, 96–112.

WYER, R. S. & DERMER, M. (1968) Effect of context and instructional set upon evaluations of personality-trait adjectives, in: Journal of Personality and Social Psychology 9, 7–14.

WYER, R. S. & WATSON, S. F. (1969) Context effects in impression formation, in: Journal of Personality and Social Psychology 12, 22–23.

Sachregister